Alexandra
von Teuffenbach

DER EXORZISMUS

Befreiung
vom Bösen

D1671578

Alexandra von Teuffenbach

DER EXORZISMUS

Befreiung vom Bösen

SANKT
ULRICH
VERLAG
GmbH

Für Sibylle und Enrico
(† 18. Oktober 2005)

Bibliographische Information der Deutschen Bibliothek
Die Deutsche Bibliothek verzeichnet diese Publikation in der
Deutschen Nationalbibliographie; detaillierte bibliographische
Daten sind im Internet über http://dnb.ddb.de abrufbar.

© 2007 by Sankt Ulrich Verlag GmbH, Augsburg
Alle Rechte vorbehalten
Titelbild und -gestaltung: uv media werbeagentur
Mediengruppe Sankt Ulrich Verlag, Augsburg
Druck und Bindung: Ludwig Auer GmbH, Donauwörth
Printed in Germany
ISBN: 978-3-936484-98-4
www.sankt-ulrich-verlag.de

Inhalt

An dieser Stelle müßte ein geschickt gewähltes Zitat stehen. Es würde nicht nur dem Vorwort eine Richtung geben, sondern auch die Autorin unter den Schutz einer Persönlichkeit stellen; schließlich würde das Zitat mit einer gewissen Autorität zum Thema des Buches hinführen. „Exorzismus" ist nämlich ein Thema, das in manchen Teilen der katholischen Weltkirche heftige Reaktionen hervorruft. Ein solches Zitat an den Anfang zu setzen, würde dazu beitragen, die Wogen zu glätten und das Thema hoffähig zu machen.

Am besten wäre es wohl, so scheint mir, wenn das Zitat von einer Frau stammen würde: das würde in einer gewissen Weise erklären, warum gerade eine Frau heute über dieses Thema schreibt, und nicht, wie schon häufiger geschehen, ein Exorzist, ein Psychiater oder wenigstens ein Priester. Welche Frauen kämen für das Thema in Frage? Wahrscheinlich würde sich etwas bei Hildegard von Bingen finden lassen, oder vielleicht in den Briefen der hl. Katharina von Siena oder in den Texten der hl. Teresa von Avila. Doch würde der Leser sie ohne weiteres annehmen? Wären sie glaubwürdig? Stammen sie ja doch alle aus Zeiten, in denen der Exorzismus als etwas ganz Normales angesehen wurde. Und vielleicht würde der eine oder andere Leser denken, es handle sich bei diesem Buch um eine historische Abhandlung. Es müßte also eine Frau unserer Zeit sein. Mir fällt nur die Klosterschwester ein, die dem römischen Exorzisten zuarbeitet, indem sie die Menschen, die zu ihm wollen, empfängt und in Gesprächen begleitet. Sie hat mich gefragt: „Haben Sie nicht Angst, in Deutschland so ein Buch zu veröffentlichen?" Doch das ist kein Zitat für den Anfang und kein Zitat, das Schutz gibt. Ganz im Gegenteil. Es zeigt, wie bekannt sogar in Italien ist, daß im deutschsprachigen Raum großes Unbehagen in der Behandlung dieses Themas herrscht, während in anderen Ländern ein durchaus normaler Umgang mit dem Thema möglich ist, wenn es natürlich auch immer Neugierde erweckt.

Es könnte das Zitat eines Psychiaters an den Anfang gestellt werden. Die Psychiatrie gilt als angesehene Wissenschaft, und das Zitat eines berühmten italienischen Professors und Psychiaters könnte einen Anfang bilden. Er erklärt nämlich, seine Wissenschaft sei auch begrenzt und habe nicht für alles Erklärungen. Er findet die Zusammenarbeit mit einem Exorzisten durchaus sinnvoll. Doch würde ein solches Zitat nicht beim Leser die falschen Erwartungen wecken? Es stünde besser am Anfang eines Buches, in dem es um die Frage nach Exorzismus oder Psychotherapie geht.

Ich durchstöbere die Ansprachen und Predigten der Päpste seit Leo XIII. Aber für einen Einstieg ist nichts geeignet, auch nicht die klaren Ansprachen von Papst Paul VI. in den siebziger Jahren, in denen er oft vom Teufel sprach und davor warnte ihn aus den Augen zu verlieren. Auch die Kirchenväter lese ich und finde meisterhafte Abhandlungen über das Böse, vor allem bei Augustinus. Doch in diesem Buch geht es nicht um das Böse selbst, sondern um die Bekämpfung eines Sonderfalls: Es geht um die Vorgehensweise in den Fällen, in denen der Teufel einen Menschen besonders stört oder sogar beherrscht.

Zum Exorzismus kann ich immer noch kein passendes Zitat finden. Ob die Heilige Schrift nicht etwas hergibt? Ich arbeite mit Hilfe der Stichwortverzeichnisse auch die Ausdrücke „Teufel", „Dämonen" und „Satan" durch.

Dann schließlich bleibt mein Auge an einer Frage der Jünger Jesu hängen. Ich hatte auf sie nicht wirklich geachtet, denn die Geschichte des mondsüchtigen Jungen wird ja meist schon Kommunionkindern als Epilepsie erklärt. Doch genau nach dieser Heilung/Austreibung fragen die Jünger Jesu: „Warum konnten denn wir den Dämon nicht austreiben?" Die Antwort ist in unserer aller Augen klar, wir kennen sie schon aus dem „Fall Klingenberg". Wir hätten geantwortet: „Weil es kein Dämon war, sondern Epilepsie!"

Doch Jesus sagt: „Weil euer Glaube so klein ist" (Mt 17,19–20).

Ist das ein Zitat für den Anfang eines Buches? Oder ist das die eigentliche Frage, die wir uns angesichts des Leidens stellen: „Herr, warum können wir nicht alle Kranken gesund machen? Warum können wir Unglück nicht abwenden? Warum können wir Dämonen nicht austreiben?"

Der Exorzismus ist „nur" ein Sonderfall. Aber vielleicht wird gerade an ihm deutlich, wie es um unseren Glauben heute steht. Der Kern unseres Glaubens ist der Tod und die Auferstehung Jesu Christi. Glauben wir dieser Botschaft, die uns die Kirche vermittelt, oder glauben wir der Wissenschaft, die uns sagt: „aus dem Tod kommt keiner zurück"? Glauben wir, daß unsichtbare Mächte unser Leben beeinflussen können, oder denken wir nur aus Atomen und chemischen Reaktionen zu bestehen? Meinen wir, daß wir in der Entscheidung zwischen Gut und Böse allein dastehen, oder haben wir erkannt, daß es eine Macht gibt, die uns versucht? Und schließlich: Glauben wir an die Macht Gottes und seines Wirkens in unserer Welt, oder brauchen wir ihn nur für die Weihnachtsstimmung?

Jesus fügt seiner Behauptung über unseren geringen Glauben noch eine zweite hinzu, und sie paßt auch für den Anfang dieses Buches über den Exorzismus:

„Amen, das sage ich euch: Wenn euer Glaube auch nur so groß ist wie ein Senfkorn, dann werdet ihr zu diesem Berg sagen: Rück von hier nach dort!, und er wird wegrükken. Nichts wird euch unmöglich sein" (Mt 17,20).

Exorzismus: Müssen Katholiken das glauben?

Wenn – und dies geschieht sehr selten – im Marienwall-fahrtsort Lourdes ein kranker Mensch plötzlich gesund wird, dann untersucht eine Ärztekommission den Fall. Es werden alle medizinischen Analysen und Untersuchungen herangezogen, so daß z. B. zweifelsfrei festgestellt werden kann, daß ein Tumor nicht mehr zu sehen ist – einfach „verschwunden" ist. Die Ärzte sagen in solch einem Fall: Diese Heilung ist wissenschaftlich nicht zu erklären. Dann kann der Gläubige sagen: Es ist ein Wunder geschehen.

Seit Jahrhunderten wird ein Tuch aus Leinen in Turin aufbewahrt. Die Negative der Fotografien dieses Tuches zeigen sehr deutlich die hinterlassenen Abdrücke eines menschlichen Körpers, der stark gefoltert wurde. Wissenschaftler studieren seit Jahren dieses Tuch und konnten beispielsweise nachweisen, daß an dem Tuch Spuren von Pollen hingen, die aus dem Palästina um die Zeit Jesu stammen könnten. Es spricht wirklich einiges dafür, daß es sich um das Leinentuch handelt, in das der Leichnam Jesu nach seinem Tod gewickelt wurde.

Nach der Beichte der ganzen Familie eines Restaurant-betreibers in einer deutschen Kleinstadt und nach der Aussegnung des Lokals füllt sich jeden Abend die Gast-stätte mit Kunden, und das Geschäft, vorher am Rande des Ruins wegen Kundenmangels, blüht. Die italienischen Betreiber des Lokals sind sich sicher: Der Teufel wurde ausgetrieben.

Müssen wir das glauben? Nein, natürlich nicht. Wir können gute Katholiken sein und trotzdem das Turiner Grabtuch für eine Täuschung halten. Wir können behaupten, die Heilungen in Lourdes geschähen aus uns unbekannten, aber doch nur „natürlichen" Gründen, und natürlich können wir vermuten, daß der Restaurantbetreiber nur „Glück" hatte.

Nicht alles, was wir normalerweise als Glauben bezeichnen, steht auf einer Stufe. Normalerweise wird einem Katholiken gerne vorgeworfen: „Du glaubst ja an den Papst!" oder „Du glaubst an Exorzismen!". Das kann der Katholik klar leugnen und auf den Katechismus verweisen in dem steht: „Der Glaube ist eine persönliche Bindung des Menschen an Gott und zugleich, untrennbar davon, freie Zustimmung zu der ganzen von Gott geoffenbarten Wahrheit" (Nr. 150).

Wenn wir glauben, antworten wir also Gott, der sich selbst geoffenbart hat. Gott hat sich in Ereignissen und Worten geoffenbart, sagt der Katechismus (Nr. 53). Die Heilige Schrift berichtet uns davon, und Gott spricht durch die Propheten des Alten Testamentes. Schließlich spricht er durch seinen Sohn Jesus Christus.

Das Neue Testament hält diese Worte und Taten fest.

Die Kirche trägt – durch die Kraft des Heiligen Geistes – diese Offenbarung durch die Zeit und legt sie für die Menschen jedes Zeitalters aus.

Mit Christus und seinen Aposteln ist die Offenbarung abgeschlossen. Es kann also niemand kommen und völlig

Neues oder gar der Offenbarung Entgegengesetztes behaupten und zugleich sagen, dies sei geoffenbart.

Manchmal muß die Kirche einzelne Wahrheiten, die in der Offenbarung enthalten sind, neu erklären. So, wenn das Papsttum an Macht verliert, und die Katholiken Gefahr laufen, das Amt des Petrus für unnötig zu halten, noch einmal zu klären, was Christus wollte, wie er den Petrus beauftragte. Und wie wir das heute verstehen sollen. In diesem – historischen – Fall wurde diese neue Auslegung des Glaubens zu einem Dogma.

Aber anderes, wie z. B. Dinge, Ereignisse und Worte, die einzelne Personen erlebt oder gehört haben und durch die ihr Glauben gestärkt wurde – nehmen wir die Marienerscheinungen –, müssen wir nicht glauben mit dem Glauben, mit dem wir an Gott und Jesus Christus glauben. Diese fügen nichts zur Offenbarung hinzu. Manche von diesen hat die Kirche anerkannt. Aber sie gehören nicht zur Offenbarung und müssen nicht geglaubt werden. So z. B. die Erscheinungen in Lourdes, das Turiner Grabtuch oder – noch klarer – das, was der Restaurantbetreiber erlebte.

In diesem Buch geht es sowohl um Gott als auch um die geoffenbarten Wahrheiten als auch um Dinge, die kein Katholik glauben muß, die aber den Glauben stärken können. Es ist wichtig, dies voneinander zu unterscheiden und zugleich an dem festzuhalten, was unseren Glauben ausmacht, um ihn in unserer Umgebung zu vertreten oder sogar verkündigen zu können.

In unserer Zeit hört man oft, auch von Katholiken, den Teufel gäbe es gar nicht, und wenn es ihn gäbe, könne er dem Menschen nichts anhaben. Andere aber sehen den

Teufel überall, vor allem in den Neuerungen der Kirche, und meinen, viele Menschen seien vom Teufel besessen. Die einen halten den Exorzismus daher für mittelalterlichen Humbug, die anderen würden ihn am liebsten überall gesprochen wissen. Doch was ist hier richtig und was falsch? Was davon gehört zum katholischen Glauben und was nicht?

Um darauf eine Antwort zu geben, ist es nötig, zunächst den Glauben der Kirche zu diesen Themen zu betrachten. Wir werden sehen, daß ein Katholik die Existenz des Teufels und sein Wirken in dieser Welt nicht leugnen kann. Dann werden wir das menschliche Handeln untersuchen, das sich aus diesem Glauben ergibt. Und schließlich kann gewagt werden, einen einzelnen Fall zu beurteilen, den Katholiken vielleicht verschieden beurteilen würden. Die Beurteilung eines einzelnen Falls ist nämlich kein Glaubensgegenstand. Ein Beispiel aus einem anderen Bereich kann dies vielleicht erläutern: Ein Fünftel der Weltbevölkerung verfolgte 1969 im Fernsehen die Mondlandung. Doch ein berühmter Spielfilm stellte das ganze in Frage. Demnach wurde die Mondlandung in den Filmstudios in Hollywood gespielt und dann gesendet. Seitdem gibt es viele Menschen, die sich bemühen, nachzuweisen, daß es diese Mondlandung gar nicht gegeben hat, und dafür bringen sie auch verschiedene Beweise. Die Mondlandung der verschiedenen Apollo-Missionen ist jedoch keine Glaubensfrage. Hier handelt es sich um die Frage, ob wir die Sache für „wahr halten".

Wenn man nun ein Buch über „Mondlandungen" schreiben möchte, muß man nicht nur die Argumente der beiden Seiten gegeneinander abwägen und die Zeugen auf ihre Glaubwürdigkeit prüfen. Es lohnt auch, ein wenig die Vorraussetzungen zu klären. Die Geschichte der Technik kann Aussagen über die Möglichkeiten jener Jahre geben und erklären, ob es bei den Mondbedingungen solche Filmaufnahmen oder Fotos geben konnte. Die Frage nach der Bewegung der Fahne – eines der Hauptargumente derjenigen, die behaupten, es habe keine Mondlandung gegeben – macht es nötig, sich um die Frage der Bewegung von Körpern im luftleeren Raum zu kümmern.

In dem vorliegenden Buch geht es um die Frage, ob man „für wahr halten" kann, daß Menschen vom Teufel besessen sein können, und um die daraus folgende Frage, ob man es „für wahr halten" kann, daß diese Menschen durch den Exorzismus von dieser Besessenheit befreit werden können. Und dennoch ist der Exorzismus ohne Glaube nicht verständlich, ja er wirkt unglaubwürdig und seltsam – aber schließlich wird jemand, der von Physik und Raumfahrt noch nichts gehört hat oder all dies ablehnt, auch die Mondlandung für unglaubwürdig halten.

Es ist also nötig, zunächst einen Blick auf den Glauben der katholischen Kirche zu werfen, auf die geoffenbarten Wahrheiten, die es uns leichter machen können, darüber zu entscheiden, ob man das, was beim Exorzismus passiert, im Licht unseres Glaubens „für wahr halten" kann. Erst dann hat es Sinn, über den Exorzismus und seinen Rahmen zu schreiben.

Das Fundament für den Exorzismus

Der Exorzismus ist vereinfacht gesprochen eine mit Vollmacht gesprochene Formel über jemanden, der Zeichen einer Besessenheit durch den Teufel zeigt. Der Exorzismus setzt außer den zwei menschlichen Akteuren, dem Exorzisten und dem Besessenen, noch zwei weitere unsichtbare Mächte voraus: Gott und den Teufel. Während die menschlichen Akteure des Exorzismus in den hinteren Kapiteln im Mittelpunkt stehen werden, muß es im ersten Teil dieses Buches zunächst um Gott und den Teufel gehen. Denn der Versuch, zu verstehen, was zwischen Gott und dem Teufel vor sich geht, ist von entscheidender Bedeutung, wenn man heute über den Exorzismus oder überhaupt über die Möglichkeit der Besessenheit reden möchte.

I. Ein guter Gott – und doch gibt es das Böse

Den Glauben der katholischen Kirche finden wir in seinem Fundament, nicht jedoch in seiner vollen Ausfaltung, leicht zugänglich im großen Glaubensbekenntnis.

> Das Bekenntnis beginnt mit den Worten:
> „Wir glauben an den einen Gott,
> den Vater, den Allmächtigen,
> der alles geschaffen hat, Himmel und Erde,
> die sichtbare und die unsichtbare Welt."

1. Zunächst erfahren wir also, daß Gott alles geschaffen hat. Heißt das, daß Gott auch das Böse geschaffen hat? Das Glaubensbekenntnis erklärt uns hierzu nichts, doch die Bibel sagt uns bereits in der ersten Schöpfungsgeschichte, daß Gott alles gut gemacht hat (Gen 1,4.10.12.18.21.25.31). Aber woher kommt dann das Böse?

Aurelius Augustinus hat sich bereits vor 1600 Jahren diese Frage gestellt. Es ist genau dieselbe Fragestellung, die auch uns bewegt. „Woher kommt nun also das Böse? War es eine böse Materie, mit der er (Gott) dies schuf? Hatte er dieselbe gebildet und geordnet, und blieb etwas zurück, das er nicht ins Gute wandelte? Fehlte ihm die Macht, das Ganze umzuwandeln, daß nichts Böses zurückbliebe, da er doch allmächtig ist? Endlich, warum wollte er aus der bösen Materie etwas schaffen, warum hat er sie mit seiner Allmacht nicht gänzlich vernichtet? Oder konnte sie gegen seinen Willen existieren?" (Bekenntnisse, VII, 5).

Wenig später, in den Jahren, in denen das Römische Reich zu Ende ging, hat sich auch ein spanischer Bischof über diese Fragen Gedanken gemacht. Er war der Meinung, die Natur des Teufels sei kein Werk Gottes, sondern der Teufel sei aus dem Chaos und der Finsternis aufgetaucht, ja der Teufel sei selbst der Ursprung und die Substanz jeden Übels. Als der Papst Leo der Große (Papst 440–461) von der Lehre des Bischofs erfuhr, konnte er nicht einverstanden sein, denn was der Bischof glaubte, widersprach dem gemeinsamen Glauben der Kirche, über deren Einheit der Papst wachen soll. So schrieb er im Juli des Jahres 447 dem spanischen Bischof einen Brief. Darin kann man lesen, daß „die Substanz aller geistigen und leiblichen Geschöpfe gut ist und daß es keine Natur des Bösen gibt; denn Gott, der der Schöpfer von allem ist, hat nichts gemacht, was nicht gut ist" (DH 286).

Wir können zusammenfassend sagen: Es gibt keine Natur des Bösen, es gibt kein doppeltes Prinzip, keinen „bösen Gott" neben einem „guten Gott". Schließlich sagen wir ja auch im Glaubensbekenntnis, daß Gott „allmächtig" ist, dann kann es keinen zweiten Gott neben ihm geben. Allmächtig kann nur ein Gott sein, der der einzige ist. Wenn es zwei Götter gäbe, wäre keiner der beiden allmächtig!

Außerdem sagt Papst Leo in seinem Brief – und natürlich stützt er sich dabei auf die Aussagen der Heiligen Schrift – daß die Schöpfung gut ist. Gott hat das Böse nicht erschaffen.

Woher kommt es dann? Wir müssen weitersuchen.

2. Kehren wir zurück zum Glaubensbekenntnis. Wir bekennen in dem ersten Abschnitt ja auch, daß Gott die sichtbare und die unsichtbare Welt geschaffen hat. Geistige Wesen sind z. B. die Engel. Da das Böse nicht sichtbar ist, könnte es ein geistiges Wesen sein. Eine Art „böser Engel". Aber wenn Gott es nicht erschaffen hat, wie konnte dann das Böse in die Welt kommen?

Auch in der Heiligen Schrift findet sich keine ausführliche Erklärung. Andeutungen bieten im Alten Testament vor allem Abschnitte aus dem Propheten Jesaja (14,12–15) und aus den Psalmen (82,1–3a.5–7).

Im Neuen Testament kann das Lukasevangelium
– „Da sagte Jesus zu ihnen: Ich sah den Satan wie einen Blitz vom Himmel fallen" (10,18)

– im 2. Petrusbrief „Gott hat auch die Engel, die gesündigt haben, nicht verschont, sondern sie in die finstern Höhlen der Unterwelt verstoßen und sie dort eingeschlossen bis zum Gericht" (2,4)

– und im Judasbrief „Die Engel, die ihren hohen Rang mißachtet und ihren Wohnsitz verlassen haben, hat er mit ewigen Fesseln in der Finsternis eingeschlossen, um sie am großen Tag zu richten" (Vers 6)

eine Teilerklärung bieten.

Besonders deutlich ist der Abschnitt in der Offenbarung des Johannes: „Da entbrannte im Himmel ein Kampf. Michael und seine Engel erhoben sich, um mit dem Drachen zu kämpfen. Der Drache und seine Engel kämpften, aber sie konnten sich nicht halten, und sie verloren ihren Platz im Himmel. Er wurde gestürzt, der große Drache, die alte Schlange, die Teufel oder Satan heißt und die ganze Welt verführt; der Drache wurde auf die Erde gestürzt, und mit ihm wurden seine Engel hinabgeworfen" (12,7–9).

Das Lehramt der Kirche hat zu diesen Aussagen nichts hinzugefügt, doch viele Heilige und Mystiker ergänzten weitere Details. Berühmt sind z.B. die Visionen der Hildegard von Bingen (Scivias, 2. Vision). Doch sie schmükken nur aus, was bereits in der Schrift steht, und fügen keine wesentlichen Elemente hinzu.

Doch immer wieder wurde das, was Papst Leo der Große geschrieben hatte, angezweifelt. Es war im Mittelalter, genau genommen im Jahr 1215, als unter Papst Innozenz III. die Bischöfe sich in der Hauptkirche von Rom, dem Lateran, versammelten. Einer der Punkte, um die es bei diesem Treffen ging, waren die Sekten der Katharer und Albigenser. Diese interpretierten das Glaubensbekenntnis der katholischen Kirche anders, als es der Papst und die Bischöfe taten, so daß es notwendig wurde, das Glaubensbekenntnis noch einmal gemeinsam zu verabschieden und dabei manche Punkte im Sinne der katholischen Kirche besser auszufalten. Der Glaube der Kirche mußte rein erhalten und daher verteidigt werden. Bezüglich der im Glauben bekannten Schöpfung der „sichtbaren und der unsichtbaren Welt" steht in diesem Glaubensbekenntnis des IV. Laterankonzils nun klarer: „Er schuf in seiner allmächtigen Kraft vom Anfang der Zeit an aus nichts zugleich beide Schöpfungen, die geistige und die körperliche, nämlich die der Engel und die der Welt: und danach die menschliche, die gewissermaßen zugleich aus Geist und Körper besteht. Der Teufel nämlich und die anderen Dämonen wurden zwar von Gott ihrer Natur nach gut geschaffen, sie wurden aber selbst durch sich böse. Der Mensch aber sündigte aufgrund der Eingebung des Teufels" (DH 800).

Im liturgischen Buch, in dem die Exorzismen stehen, dem Exorzismusrituale, wird der Glaube der katholischen Kirche natürlich vorausgesetzt und in der Exorzismusformel selbst auch ausdrücklich genannt. Hier finden wir auch die eben dargestellte Lehre der Kirche wieder: „Ich beschwöre dich ... erkenne die Gerechtigkeit und Güte Gottes, des Vaters, der deinen Hochmut und deinen Neid durch gerechtes Urteil verdammt hat" (Rituale 2004, Nr. 62).

II. Ein begehrtes Wesen: der Mensch

Gott hat nicht nur die rein geistigen Wesen erschaffen, sondern auch den Menschen, der aus Körper und Geist besteht.

Laut dem Zeugnis der Heiligen Schrift muß Gott sein Werk, der Mensch, besonders gefallen haben. Nachdem Gott Licht und Finsternis, Wasser und Himmel, Pflanzen und Tiere geschaffen hatte, und am Abend eines jeden Tages seine Schöpfung sah und sie für „gut" befand, sagte er am sechsten Tag, nachdem er den Menschen als sein Abbild geschaffen hatte, daß es „sehr gut" sei (Gen 1,31).

Das Besondere am Menschen ist nicht nur seine Natur, die sowohl geistig als auch körperlich ist, sondern vor allem, daß Gott den Menschen, als einzige Kreatur auf der Erde, um seiner selbst willen geschaffen hat. Gott hat dem Menschen aber auch Freiheit gegeben. Er hat sich nicht eine Marionette erschaffen, sondern ein Wesen, das sich frei entscheiden kann. Gott zwingt den Menschen nicht, ihn, seinen Schöpfer, anzubeten. Der Mensch ist frei, Gott zu lieben oder nicht.

Doch die Bibel kennt nicht nur eine Schöpfungsgeschichte. In der zweiten, die ganz unvermittelt der ersten, der Schöpfung in sieben Tagen, folgt (Gen 2,4 ff.), steht nicht nur, wie der Mensch aus dem Lehm des Ackerbodens geschaffen wird, sondern es wird auch von einem Menschen erzählt, dem es im Paradiesgarten gutgeht. Der Garten, in den Gott die Menschen gestellt hat, enthält alles, was der Mensch braucht. Es ist dem Menschen auch alles erlaubt, mit einer Ausnahme: Er darf von den Früchten eines bestimmten Baumes nicht essen. Der Mensch leidet keine Not. Dennoch: Als der Teufel – in der biblischen Geschichte eine Schlange – den Menschen versucht, sündigt der Mensch: er übertritt das Gebot Gottes, vertraut und gehorcht nicht mehr Gott, sondern der Schlange; er mißbraucht seine Freiheit und unterstellt sich einem anderen Herrn.

Die Erzählung aus der Heiligen Schrift erklärt so auf einfache Weise, wie es möglich ist, daß die Sünde, der Schmerz, die Not und der Tod das Leben der Menschen prägen, obwohl Gottes Schöpfung gut ist, und der Mensch sogar als Abbild Gottes „sehr gut" ist. Eine bessere Erklärung, um auf die Fragen nach dem Warum des Leidens eine Antwort zu geben, ist noch nicht gefunden worden. Diese Erzählung erklärt und gibt einen Sinn.

Der Mensch steht nun unter der Herrschaft des Bösen, des Todes, der Sünde. Im ersten Brief des Apostels Johannes können wir das lesen: „Wir wissen: Wir sind aus Gott, aber die ganze Welt steht unter der Macht des Bösen" (1 Joh 5,19). Und auch das Konzil, das in Trient tagte (1545–1563), betonte noch einmal im Dekret über die Beichte: Wegen der Sünde Adams besitzt der Teufel eine gewisse Herrschaft über den Menschen (vgl. DH 1668). Rettung ist möglich. Gott verläßt den Menschen nicht. Im 4. Hochgebet der heiligen Messe ist das sehr schön formuliert: „Als er im Ungehorsam deine Freundschaft verlor und der Macht des Todes verfiel, hast du ihn dennoch nicht verlassen, sondern voll Erbarmen allen geholfen, dich zu suchen und zu finden. Immer wieder hast du den Menschen deinen Bund angeboten und sie durch die Propheten gelehrt, das Heil zu erwarten."

Man kann noch mehr sagen. In dem Augenblick, in dem Gott die Konsequenzen der Sünde über Adam und Eva ausspricht, scheint er auch auf das Heil hinzudeuten. Denn an die Schlange richtete sich Gott mit folgenden Worten: „Feindschaft setze ich zwischen dich und die Frau, zwischen deinen Nachwuchs und ihren Nachwuchs. Er trifft dich am Kopf, und du triffst ihn an der Ferse" (Gen 3,15). Die Kirche hat diesen Vers traditionell stets als eine Ankündigung des Heils angesehen. Gott ist gerecht, aber er ist auch barmherzig. Er hat den Menschen ja mit Freiheit und auch mit Gnade ausgestattet, die es ihm möglich machen, die Sünde zu meiden und durch die Gnade Gottes zu bestehen. Der Mensch könnte im Kampf gegen den Teufel nicht siegreich sein, wenn ihm Gott nicht diese Freiheit und Gnade geschenkt hätte. Denn der Teufel ist zwar dem Menschen überlegen, weil er eine rein geistige Kreatur ist, aber nicht Gott. Mit Gottes Hilfe kann der Mensch sich aus der Knechtschaft befreien. Die großen Gestalten des Alten Testaments sind dafür Zeugen.

Trotz einiger leuchtender Gestalten des Alten Testamentes wird das auserwählte Volk Gottes, Israel, immer wieder dem Bund untreu, den es mit Gott geschlossen hat. Es verspielt sein Heil. Es muß ein unendliches Erbarmen Gottes mit dem Menschen geben, daß der allmächtige Gott selbst entscheidet, den Menschen aus dieser Knechtschaft zu befreien und seinen Sohn in die Welt sendet.

Auch diese Lehre der Kirche vom Menschen und von seinem Fall findet sich im Exorzismusrituale wieder, ja, sie liegt ihm zugrunde. Doch erst die Menschwerdung Christi, sein Tod und seine Auferstehung, sind die Lösung für den Menschen aus dieser Herrschaft des Teufels. Im alten Rituale des Exorzismus sagt der Priester zum Teufel: „Du weißt ja, daß Christus, der Herr, deine Wege ins Verderben führt" (Rituale 1954, S. 49). Wie kann Christus dem Teufel wieder den Weg in die Hölle weisen, ohne diese „angegriffene" Schöpfung zu zerstören? Wie das geschieht, sehen wir im nun folgenden Abschnitt.

III. Gottes Sohn opfert sich

Nichts aus dem Exorzismusrituale ist verständlich ohne den Glauben an Gott, den Schöpfer, an die Existenz des Teufels, an den Sündenfall des Menschen. Doch bliebe der gesamte Ritus des Exorzismus, in dem es ja darum geht, einen Menschen aus dem besonderen Einflußbereich des Bösen zu befreien, sinnlos, wenn Gott nicht beschlossen hätte, den Menschen durch den Tod und die Auferstehung seines Sohnes „eine neue Schöpfung" (2 Kor 5,17) sein zu lassen.

Gottes Sohn wird Mensch. Gottes Sohn nimmt so die Bedingungen des Menschseins an, also seiner Geschöpfe, die unter der Knechtschaft der Sünde, der Herrschaft des Teufels stehen, obwohl er nicht gesündigt hat. Christus wird ganz Mensch, oder wie das Konzil von Chalkedon im Jahr 451 nach langem Kampf bestimmte: „in allem uns gleich außer der Sünde" (DH 301, vgl. Hebr 4,15). Wenn es nicht so wäre, dann wäre der Mensch nicht wirklich erlöst worden. Der Kirchenvater Gregor von Nazianz (280–374) prägte den Ausdruck „Was nicht angenommen ist, das ist auch nicht erlöst", womit klar wird, warum es so wichtig ist, daß Christus nicht nur ganz Gott, sondern auch ganz Mensch war: Christus rettet den Menschen nur dadurch, daß er seine Menschennatur wirklich annimmt, den Menschen gleich wird und die Sünden des Menschen trägt bis in die letzte Konsequenz. So wird dem Menschen ein Ausweg aus seiner Situation geboten, er wird aus der Herrschaft des Teufels für immer befreit.

Im Glaubensbekenntnis ist dies so ausgedrückt:
„Und an den einen Herrn Jesus Christus,
Gottes eingeborenen Sohn,
aus dem Vater geboren vor aller Zeit:
Gott von Gott, Licht vom Licht,
wahrer Gott vom wahren Gott,
gezeugt, nicht geschaffen,
eines Wesens mit dem Vater;
durch ihn ist alles geschaffen.
Für uns Menschen und zu unserem Heil
ist er vom Himmel gekommen,
hat Fleisch angenommen
durch den Heiligen Geist
von der Jungfrau Maria
und ist Mensch geworden."

Sowohl im neuen als auch im alten Rituale für die Exorzismen ist als erstes Evangelium der Prolog des Johannesevangeliums vorgesehen, und nicht als erstes eine Teufelsaustreibung Jesu. Die Menschwerdung ist für die Rettung der Menschen von zentraler Bedeutung, doch erst das Kreuzesopfer Jesu bringt den endgültigen Sieg Christi über den Teufel mit sich. Dies sind auch die im Glaubensbekenntnis enthaltenen Aussagen.

Wir bekennen:
„Er wurde für uns gekreuzigt
unter Pontius Pilatus,
hat gelitten und ist begraben worden,
ist am dritten Tage auferstanden nach der Schrift
und aufgefahren in den Himmel."

Der Apostel Paulus erklärt im Römerbrief den Zusammenhang zwischen Christus und Adam, und dies ist die Grundlage der christlichen Lehre über den Erlösungstod Christi. Paulus schreibt: „Durch einen einzigen Menschen kam die Sünde in die Welt und durch die Sünde der Tod und auf diese Weise gelangte der Tod zu allen Menschen, weil alle sündigten" (Röm 5,12). Und ein wenig später schreibt der Apostel: „Wie es also durch die Übertretung eines einzigen für alle Menschen zur Verurteilung kam, so wird es auch durch die gerechte Tat eines einzigen für alle Menschen zur Gerechtsprechung kommen, die Leben gibt" (5,17–18).

Christus ist gehorsam bis zum Tod. Er hält der Versuchung in der Wüste stand, und er hält ihr im Garten Gethsemani stand. Er bleibt gehorsam. Paulus sagt: „Wie durch den Ungehorsam des einen Menschen die vielen zu Sündern wurden, so werden auch durch den Gehorsam des einen die vielen zu Gerechten gemacht werden" (Röm 5,19).

Hier siegt der Herr am Kreuz gegen den alten Widersacher. Denn er, der ohne Sünde ist, nimmt die Sünden des Menschen auf sich und opfert sich für ihn. Tod und Auferstehung Jesu sind der Grund für den Glauben der Christen, und so versteht sich auch, daß ohne ihn nichts aus dem Exorzismusrituale verständlich ist.

Die Feier der Eucharistie, die Feier dieses Kreuzesopfers vergegenwärtigt dieses Tun Christi für uns heute immer wieder. Dies wird auch während der heiligen Messe immer wieder gesagt, besonders deutlich in der Präfation vom Fest der Kreuzerhöhung: „Du hast das Heil der Welt auf das Holz des Kreuzes gegründet. Vom Baum des Paradieses kam der Tod, vom Baum des Kreuzes erstand das Leben. Der Feind, der am Holz gesiegt hat, wurde auch am Holze besiegt durch unseren Herrn Jesus Christus."

IV. Die Kirche – Weiterführung der Heilstat Christi auch für uns

1. Zeichen des Glaubens
Nachdem Christus den alten Feind, den Teufel, im Tod und der Auferstehung besiegt hat, sollte die Welt sich grundlegend geändert haben. Sie hat es aber offensichtlich nicht. Nicht nur unter denen, die nicht an Christus glauben, sondern auch unter denen, die die Botschaft Christi angenommen haben, scheint sich nur wenig wirklich zum Besseren gewendet zu haben. Die Worte, die Kardinal Joseph Ratzinger für den Kreuzweg im Kolosseum 2005, kurz vor seiner Wahl zum Papst, schrieb,

bringen dieses Versagen der Christen klar zum Ausdruck: „Erbarme dich deiner Kirche: Auch mitten in ihr fällt Adam immer wieder. Wir ziehen dich mit unserem Fall zu Boden, und Satan lacht, weil er hofft, daß du von diesem Fall nicht wieder aufstehen kannst, daß du, in den Fall deiner Kirche hineingezogen, selber als Besiegter am Boden bleibst. Und doch wirst du aufstehen. Du bist aufgestanden – auferstanden, und du kannst auch uns wieder aufrichten. Heile und heilige deine Kirche. Heile und heilige uns" (Meditation der 9. Kreuzwegstation).

Es stimmt auch nachdenklich, daß die Zeichen, die der Evangelist Markus als „Begleiterscheinungen" des Glaubens aufzählt, heute weitgehend ausbleiben. Der Evangelist schrieb: „Und durch die, die zum Glauben gekommen sind, werden folgende Zeichen geschehen: In meinem Namen werden sie Dämonen austreiben; sie werden in neuen Sprachen reden; wenn sie Schlangen anfassen oder tödliches Gift trinken, wird es ihnen nicht schaden; und die Kranken, denen sie die Hände auflegen, werden gesund werden" (Mk 16,17 f.).

Schon die Kirchenväter der ersten Jahrhunderte beschäftigte das Thema der ausbleibenden Zeichen. Sicher, wir glauben aufgrund der Auferstehung Jesu Christi. Aber Zeichen haben ihre Bedeutung. Jesus selbst und auch seine Apostel machten nicht nur schöne Worte, sondern wiesen Taten vor, damit die Botschaft angenommen und geglaubt werden konnte.

Hat man im Gegenteil heute nicht oft den Eindruck, als müßte wahrer Glaube völlig an äußeren Zeichen vorbeigehen? Als müßte der Glaube – und nicht das Gebet, wie Jesus sagte – im stillen Kämmerlein gelebt werden? Christus sprach vom Glauben, der Berge versetzen könne. Doch wer würde heute im Namen Jesu Christi auch nur einem Sandkorn befehlen, ohne Angst zu haben, sich lächerlich zu machen? Und wenn das Sandkorn oder der Berg sich auf das Wort eines Gläubigen bewegen würden, würde man nicht selbst von kirchlicher Stelle versuchen, die Geschichte „wegzurationalisieren"?

Welche Erklärungen hätten die Gläubigen heute für die Wunderheilungen Jesu übrig? Es würde doch wahrscheinlich mit komplizierten Fachausdrücken gesagt werden, daß da kein Wunder sei, sondern nur psychosomatische Phänomene geheilt worden wären. Alles, was wir nicht verstehen und erklären können, weisen wir normalerweise weit weg von uns, wenn wir es nicht offen für Unsinn erklären.

Vermutlich waren die Menschen zur Zeit Jesu – entgegen dem, was man heute annimmt – weniger leichtgläubig als wir heute. Heute reicht das Etikett „wissenschaftlich", und wir glauben alles. Die Menschen zur Zeit Jesu ließen sich nicht so leicht blenden: Sie gingen selbst nachsehen, sie kannten Zaubertricks und falsche Propheten. Jesus trat mit Vollmacht auf, seine Worte waren klar. Doch die Menschen liefen ihm hinterher, weil seinen Worten auch Taten folgten, die diese Menschen selbst sehen konnten.

Sind wir heute anders? Wir wollen natürlich auch sehen, doch heißt das noch lange nicht, daß wir glauben. Wir trauen uns oft selbst nicht, weil wir nicht Fachleute auf allen Gebieten sind. Doch wir brauchen Zeichen. Die christliche Religion ist mehr als nur eine Lebenshaltung. Sie hat praktische Konsequenzen. Und so muß es für diejenigen, die wirklich glauben, heute noch möglich sein, die Macht zu haben, Dämonen zu vertreiben, in neuen Sprachen zu sprechen, keinen Schaden von tödlichem Gift zu haben oder durch Handauflegung Krankheiten zu heilen. Doch wie zu Zeiten Jesu ist der Glaube Vorraussetzung und wie zu Zeiten Jesu sind „Schauwunder" Versuchungen, denen der Christ widerstehen muß.

Auf den Glauben der Jünger hin geschahen Wunder und Zeichen. Eines dieser Zeichen war, daß sie Dämonen im Namen Christi austreiben konnten. Und dies wiederum führte weitere Menschen zum Glauben. Denn die Zeichen, die durch den Glauben geschehen, vermehren den Glauben, sie geschehen nicht um ihrer selbst willen oder wegen der Neugierde der Zuschauer. Sehr eindrucksvoll wird dies am Wirken des evangelischen Pfarrers Johann Christoph Blumhardt (1805–1880), der im Jahr 1842 eine Besessene befreite. An seinem Wirkungsort setzte daraufhin eine wirkliche Bußbewegung ein, und Blumhardt wurde sogar in Stuttgart von der Kirchenleitung mit einem Verweis versehen, weil er sich nicht an die Grenzen seiner Gemeinde hielt: Die Menschen kamen aus ganz Deutschland, um ihn zu sehen, ihn zu hören, auf sein Gebet hin Befreiung von der Macht des Bösen und Heilung von Krankheiten zu erhalten. Er selbst schrieb über den Exorzismus: „Das war ein persönlicher Kampf mit den Persönlichkeiten der Finsternis, da wir miteinander dreiviertel Jahre gerungen haben, um zu sehen, wer Herr würde, ich im Namen des Herrn Jesus oder sie in ihrer Widersetzlichkeit gegen den lebendigen Gott." Und nachdem der Exorzismus Erfolg hatte, schrieb er: „Sooft ich den Namen Jesus schreibe, durchdringt mich ein heiliger Schauer mit freudiger Inbrunst des Dankes, diesen Jesus mein zu wissen. Was wir an ihm haben, weiß ich erst jetzt recht." (Zit. nach Rodewyk, Die dämonische Besessenheit ..., S. 64 f.)

Der Exorzismus ist auch heute eines der letzten wirklich mächtigen Zeichen, daß der Glaube der Christen mehr als Sentimentalität ist. Und wenn es wahr ist, daß der Glaube auch heute noch durch das Zeugnis von anderen Christen weitergegeben wird, dann sollten wir auch den Exorzisten zuhören. Sie zeigen den erschreckenden Ernst unseres Glaubens. Ihr Zeugnis ernst nehmen bedeutet, noch einmal über das Böse und die Heilstat Jesu Christi nachzudenken und daraus Konsequenzen zu ziehen.

2. Beauftragung zur Austreibung

Die Austreibung der Dämonen ist außerdem im Neuen Testament kein zufälliges Geschehen, das einfach den Glauben begleitet, wie z. B. die Glossolalie, das Zungenreden. Es ist ein ausdrücklicher Auftrag Jesu. Er beauftragt die Apostel zum exorzistischen Wirken: „Dann rief er seine zwölf Jünger zu sich und gab ihnen die Vollmacht, die unreinen Geister auszutreiben und alle Krankheiten und Leiden zu heilen" (Mt 10,1; siehe auch Mt 10,8; Mk 3,14–15; 6,7.13; Lk 9,1; 10,17.18–20). Im Lukasevangelium wundern sich nicht nur die Apostel, sondern die 72 Jünger, daß ihnen sogar die Dämonen gehorchen, wenn sie den Namen Christi aussprechen.

Christus selbst hat mehrere Male Dämonen ausgetrieben. Es erstaunt nicht, daß diese Perikopen heute gerne so interpretiert werden, als seien dies nur „Zeichen" gewesen, und in der Tat habe sich eigentlich nichts ereignet, oder bestenfalls wird zugegeben, daß Jesus körperliche oder psychische Krankheiten, vor allem Epilepsie, geheilt habe. Das Wort „Besessenheit" scheint für die meisten Exegeten und Theologen unaussprechbar.

Argumentativ handelt es sich stets um das gleiche Thema: Damals hätten die Menschen viele körperliche und psychische Leiden als Besessenheit erklärt.

Man könnte sich die Frage stellen, warum Christus, wenn er Sohn Gottes war, nicht wußte, daß es sich dabei nur um Krankheiten handelte und Besessenheit nicht existiert. Warum hat er, könnte man sich weiter fragen, bei seiner Aussendung den Jüngern gerade die Dämonenaustreibung nahelegen wollen und das zusätzlich zum Heilen der Krankheiten? Hätte es nicht gereicht, die Jünger in ihrem „zeitgemäßen" Glauben zu belassen und bei der Aussendung Krankheiten und Dämonenaustreibung einfach zusammenzunehmen? Das wäre niemanden weiter aufgefallen, und heute hätten manche Interpreten der Heiligen Schrift weniger Mühe. Doch Jesus unterscheidet, wenn er sagt: „Heilt Kranke, weckt Tote auf, macht Aussätzige rein, treibt Dämonen aus!"

Eine weitere Frage drängt sich auf: Warum werden unter den oben zitierten Zeichen, die die Gläubigen begleiten, die Dämonen genannt, dann die Sprachen, schließlich Schlangen und Gift und erst dann die Kranken? Es scheint auch hier, als würde die Besessenheit von der Krankheit sehr klar unterschieden.

Diese Unterscheidung ist auch von der Kirche immer weitergeführt worden, auch wenn es natürlich je nach geschichtlicher Epoche und Exorzisten Fehler in der Beurteilung eines Falls gegeben hat. Wir werden sehen, daß die Beurteilung eines Falls im Ermessen eines jeden Exorzisten liegt und keine unfehlbare Entscheidung der Kirche ist. Fehler, auch und gerade zeitbedingte, können gar nicht ausbleiben.

So will niemand ausschließen, daß manches, was zur Zeit Jesu eine Dämonenaustreibungen genannt wurde, vielleicht in heutiger Sicht keine ist. So wie auch heute Menschen zu Psychologen geschickt werden, obwohl eigentlich eine körperliche Krankheit vorliegt oder umgekehrt. Nur ist es schwer zu glauben, daß Christus, der die Macht hat Krankheiten zu heilen, dem Teufel befiehlt, statt wie in anderen Fällen die Krankheit zu heilen. Erstaunlich ist auch, daß diese angeblich nur kranken Menschen wußten, daß Christus der Sohn Gottes ist, und diese, damals als Lästerung verstandene und schwer bestrafte Aussage, auch noch schrien. Warum hätten sie es tun sollen? Warum hätte Jesus sie mit einem Befehl an die Dämonen heilen sollen, wenn der Teufel nichts damit zu tun hatte? Nur um den Glauben seiner Zeitgenossen in etwas zu stärken, was laut mancher Exegeten gar nicht möglich wäre, nämlich der Besessenheit?

Es bleibt schwer, diese Erzählungen aus der Heiligen Schrift so umzuinterpretieren, daß die Besessenheit in Abrede gestellt wird, ohne dabei zu leugnen, daß Christus der Sohn Gottes ist. Aber nicht nur auf Christus wird ein schwaches Licht geworfen, sondern auch auf die Menschen zur Zeit Jesu. Daß diese dümmer oder leichtgläubiger waren als wir, nur weil sie weniger Krankheiten zu unterscheiden wussten als wir, muß erst noch bewiesen werden. Die Perikopen, in denen die von Jesus vorgenommenen Austreibungen nachgelesen werden können, sind die folgenden:

- Der Besessene von Kafarnaum: Lk 4,31–37; Mk 1,21–28
- Der blinde und stumme Besessene Mt 12,22–23; Lk 11,14
- Der Besessene von Gerasa: Mt 8,28–34; Mk 5,1–10; Lk 8,26–39
- Der stumme Besessene: Mt 9,32–34
- Die Tochter der kananäischen Frau: Mk 7,24–30; Mt 15,21–28
- Der mondsüchtige Junge: Mk 9,14–19; Mt 17,14–20; Lk 9,37–44
- Die gekrümmte Frau: Lk 13,10–17.

3. Die Macht des Wortes

Es ist interessant, daß für Jesus ein Wort ausreicht, um die Dämonen zu vertreiben. Manchmal erkennen sie ihn und bekennen laut, er sei der „Heilige Gottes". Aber er spricht nur ein Wort, und der Dämon schweigt. Das Wort Jesu hat unmittelbar Wirkung.

Auch die Jünger und auch solche, die nicht zu den Kreis um Jesus gehören, können Besessene heilen, wenn sie dies im Namen Jesu tun (siehe Mk 9,38–40). Auch ihnen reicht ein Satz, ein Wort im Namen Jesu. Die Wirkung dieses Befehls scheint von Anfang an vom Glauben der Menschen abzuhängen, die den Exorzismus sprechen. Denn in der Erzählung der Apostelgeschichte gelingt es den Söhnen des Skeuas nicht, den Teufel auszutreiben. Sie verwenden eine Formel, hinter der kein Glaube steht (Apg 19,13–19). So ist wohl auch der Fall des mondsüchtigen Jungen zu lesen, in denen es den Jüngern nicht gelingt, die Dämonen zu vertreiben. Jesus selbst erklärt, es gäbe Fälle, in denen nur das Gebet nötig sei.

Auch nach dem Tod und der Auferstehung Jesu werden von den Jüngern Exorzismen gesprochen. Paulus spricht einen solchen aus: „Ich befehle dir im Namen Jesu Christi: Verlaß diese Frau!" (Apg 16,18) und dies ist die Formel, die heute auch noch jedem Exorzismus zugrunde liegt. Der einfache Befehl an den Teufel im Namen Jesu Christi oder im Namen Gottes. So heißt es in den Exorzismen z. B.: „Mach dich also fort auf den Namen des Vaters und des Sohnes und des Heiligen Geistes hin" (Rituale 2004, Nr. 84), und noch deutlicher: „Ich beschwöre dich, Feind des Menschen von alters her: Weiche von diesem Geschöpf Gottes, N. Das befiehlt dir unser Herr Jesus Christus ..." (Nr. 82).

Auch vom Apostel Philippus wird berichtet, daß er Dämonen austrieb (Apg 8,7). Auch wird dies von den Jüngern insgesamt gesagt (5,16). Von Paulus wird zudem ausgesagt, daß es genügt, daß seine Schweiß- und Taschentücher aufgelegt werden, um Kranke gesund zu machen und Dämonen ausfahren zu lassen (19,12).

Der Auftrag zum Austreiben der Dämonen, den Christus seinen Jüngern gab und der zudem ein Zeichen des

Glaubens war, wurde auch in nachapostolischer Zeit weitergeführt. Über diese Praxis gibt es fast aus jeder christlichen Zeit Zeugnisse. Ins IV. Jahrhundert reichen die ausdrücklich überlieferten Formeln zurück. Daraus kann man erkennen, daß die direkte Anrede des Teufels im Namen Christi, z. B. „ich beschwöre dich im Namen Jesu Christi" oder „ich befehle dir mit der Macht Jesu Christi", immer gleich geblieben ist.

Erst im Jahr 1554 erschien das *Sacerdotale Romanum,* das Ordnung in die doch sehr unterschiedliche Praxis des Mittelalters brachte. Doch erst nach dem Konzil von Trient, als die verbindlichen liturgischen Bücher entstanden, gab es auch ein allgemein gültiges Rituale für den Exorzismus. Es wurde 1614 als Abschnitt 12 des *Rituale Romanum* veröffentlicht und blieb mit geringfügigen Änderungen bis zum Erscheinen des neuen Rituales im Jahr 1999 (verbessert 2004) verbindlich. Seit 1614 ist der Exorzismus nur Priestern vorbehalten. Diese brauchen dazu eine ausdrückliche Beauftragung durch den Bischof. Die Beauftragung zum Exorzisten, eine der niederen Weihen, die bis nach dem II. Vatikanischen Konzil (1962–1965) jedem Priesteramtskandidaten gegeben wurde, ist keine Beauftragung zum Sprechen des großen Exorzismus. Diese niedere Weihe blieb im Laufe der Geschichte erhalten – ähnlich der zum Lektor und Akolyth –, auch als es keine eigens dafür Beauftragten mehr gab, sondern diese Dienste von Priestern übernommen wurden.

Vor der Festlegung des Exorzismusrituale, vor allem aber aus dem Mittelalter, sind Teufelsaustreibungen auch durch Frauen bekannt, als Beispiele seien Katharina von

Siena oder Hildegard von Bingen genannt. Doch in den Berichten geht es in erster Linie – wie im Evangelium – darum, die Heiligkeit des „Exorzisten" und nicht den Ritus zu beschreiben. Noch heute leugnet die Kirche nicht, daß auch Nichtpriester durch ihr Gebet Menschen vom Teufel befreien können. Ganz im Gegenteil: viele Exorzisten werden heute von Gebetsgruppen begleitet. Im Kampf gegen das Böse kann der Exorzismus als stärkste Munition verwendet werden, aber manchmal reicht die Schleuder eines kleinen David, um mit Gottes Hilfe den Riesen Goliath zu besiegen.

V. Das Leben des Christen: ein Kampf?

„Seid nüchtern und wachsam! Euer Widersacher, der Teufel, geht wie ein brüllender Löwe umher und sucht, wen er verschlingen kann. Leistet ihm Widerstand in der Kraft des Glaubens!" (1 Petr 5,8–9).

Dieser Satz scheint über dem Glaubensleben des Christen zu hängen wie eine Verurteilung. Also ist das Leben des Christen ein ewiger Kampf, ein Kampf mit sich selbst, den eigenen Schwächen und Lastern und ein Kampf mit dem Teufel? – Es scheint so zu sein, denn im Brief an die Epheser schreibt auch der zweite Apostelfürst Paulus:

„Zieht die Rüstung Gottes an, damit ihr den listigen Anschlägen des Teufels widerstehen könnt. Denn wir haben nicht gegen Menschen aus Fleisch und Blut zu kämpfen, sondern gegen die Fürsten und Gewalten, gegen die Beherrscher dieser finsteren Welt, gegen die bösen Geister des himmlischen Bereichs. Darum legt die Rüstung Gottes an, damit ihr am Tag des Unheils standhalten, alles vollbringen und den Kampf bestehen könnt" (Eph 6,11–13).

Auch wenn es heute nicht aktuell erscheint, die Geschichte des christlichen Glaubens versteht sich nicht anders als ein solcher Kampf. Und dies hat mit dem ständigen in diesem Zusammenhang angeprangerten Dualismus nichts zu tun. Denn Gott und der Teufel sind, wie wir sahen, keine gleichstarken oder großen Mächte. Es gibt keine Gefahr eines Dualismus: es gibt nur einen Gott und auf der anderen Seite Geschöpfe, die sich gegen Gott gewendet haben, sich wie Gott aufspielen, und nun Verbündete suchen.

Das Verständnis des Glaubens als Kampf ist in jüngster Zeit verlorengegangen.

Ist der Glaube für manch einen nicht nur zu einem der vielen Genußmittel geworden? Ist die Messe oder sogar die Beichte für manche nicht nur zu einer Form von Seelenmassage geworden? Wenn es auch nicht so sein sollte, vermutlich würden 90 Prozent aller Christen in Deutschland das Wort „Kampf" in keiner Weise mit ihrem Glauben in Verbindung bringen, und sicherlich nicht als Kampf mit den Mächten der Finsternis. Ein Priester, der dieses Thema zum Inhalt seiner Predigt machte, würde bestenfalls Kopfschütteln ernten.

Die Kirche versteht das Leben eines Christen jedoch auch heute noch als Kampf. Das ist in ärmeren Gebieten der Erde noch leicht zu begreifen. Dort wo das tägliche Überleben ein Kampf ist, da ist die Nähe eines gegen die Mächte der Finsternis siegreichen Gottes Trost und Kraft.

Der *Katechismus der katholischen Kirche* von 1993 sagt jedoch nicht nur den Armen dieser Erde: „Diese dramatische Situation der ‚ganzen Welt', die ‚unter der Gewalt des Bösen' steht (1 Joh 5,19), macht das Leben des Menschen zu einem Kampf" (Nr. 409).

Das letzte Konzil im Vatikan hatte richtig gesehen, wie es in der *Pastoralkonstitution über die Kirche in der Welt von heute* schrieb: „Die ganze Geschichte der Menschheit durchzieht ein harter Kampf gegen die Mächte der Finsternis, ein Kampf, der schon am Anfang der Welt begann und nach dem Wort des Herrn bis zum letzten Tag andauern wird. Der einzelne Mensch muß, in diesen Streit hineingezogen, beständig kämpfen um seine Entscheidung für das Gute, und nur mit großer Anstrengung kann er in sich mit Gottes Gnadenhilfe seine eigene innere Einheit erreichen" (Nr. 37 = DH 4337).

In diesem Kampf bietet die Kirche Hilfsmittel für den Glauben an. Das erste und wichtigste ist die Taufe.

1. Die Taufe

Die Symbolik der Taufe war in den ersten christlichen Jahrhunderten leichter zu entschlüsseln: es wurden hauptsächlich Erwachsene getauft und dies nur nach der langen Vorbereitungszeit des Katechumenats. Tauftermin war die Osternacht. Der Mensch stieg ins Taufwasser, tauchte völlig darin unter, und erstand als neuer Mensch aus dem Wasser. Der alte Mensch, der Mensch, der unter der Knechtschaft der Erbsünde stand, war tot. Der neue Mensch, der aus dem Wasser erstanden war, war so zu einem neuen Leben in Christus geboren. Dadurch war klar sichtbar, was im geistlichen Leben passiert war: der Täufling hatte an Christi Tod und an seiner Auferstehung teilgenommen. Er war aus Gnade aus der Herrschaft des Teufels befreit worden und ist nun gerüstet für den Kampf mit ihm.

Doch interessant ist, daß noch vor der Taufe, an den letzten Sonntagen der Fastenzeit, für die Taufbewerber in besonderer Weise gebetet wurde. Diese Gebete, die auch heute noch Bestandteil des Erwachsenenkatechumenats sind und auf das Evangelium Bezug nehmen, ähneln in der Form einem Exorzismus: „Herr Jesus Christus, du bist gekommen, damit die Menschen das Leben in seiner ganzen Fülle erhalten. Zum Zeichen dafür hast du Lazarus vom Tode erweckt. Befreie unsere Bewerber, die in den Sakramenten göttliches Leben suchen, aus der Macht des Todes und entreiße sie allem Bösen. ... Laß sie stets in Gemeinschaft mit dir leben und gib ihnen Anteil an deiner Auferstehung, der du lebst und herrschst in alle Ewigkeit. Amen" (Die Feier der Eingliederung Erwachsener in die Kirche. Nach dem neuen Rituale Romanum, 1975, S. 116 f.).

Johannes Chrysostomus (ca. 344–407) erklärt uns in seinen Taufkatechesen, warum die Taufbewerber vor den Exorzisten treten mußten: „Er will euch durch die äußere Aufmachung (sie mußten mit nacktem Oberkörper und barfuß vor den Exorzisten treten) an die frühere Gewaltherrschaft des Teufels erinnern und ruft euch eure alte unedle Herkunft ins Gedächtnis." Dann erklärt er: „Weshalb jene Furcht und Schrecken einjagenden Worte des Exorzisten, die an den gemeinsamen Herrn, an die Züchtigung, an die Strafe und an die Hölle erinnern? Der Unverschämtheit der Dämonen wegen. Denn der Taufbewerber ist ein Schaf ohne Eigentumsmarke, eine einsame Herberge, ein Unterschlupf ohne Tür, für alle ohne weiteres zugänglich, ein Lagerplatz für Räuber, ein Zufluchtsort für wilde Tiere, eine Wohnung von Dämonen. Dem König erschien es in seiner großen Menschenfreundlichkeit gut, daß diese einsame, unverschlossene Herberge, der Zufluchtsort der Räuber, zu einem Königspalast würde. Deswegen sandte er uns, die Lehrer und die Exorzisten, damit sie die Herberge vorbereiteten."

Schließlich erklärt Chrysostomus auch noch die Wirkung der Exorzismen. Er vergleicht die Sünde mit Schmutz und Schlamm. Dieser werde getilgt und geistliche Salbe aufgelegt, „die Exorzisten aber sorgen mit ihren furchtbaren Worten dafür, daß nicht irgendwo noch ein wildes Tier, eine Schlange, eine Natter, ein Skorpion lauert. Auch ein gefährliches wildes Tier kann sich nämlich, wenn es die furchtbaren Worte gehört hat, nicht einfach verkriechen und in seine Höhle zurückziehen, sondern es weicht zurück und läuft davon, obwohl es das gar nicht will" (Taufkatechesen 2,2–6 und 7).

Im deutschen Rituale für die Kindertaufe, das nach dem letzten Konzil und auf dessen Weisung entstanden ist, wurde dieser Exorzismus für die Kinder abgeschafft. Es ist stattdessen ein Teil „Gebet und Handauflegung" entstanden, in dem die Teile der direkten Anrede des Teufels entfallen.

Man konnte nicht einsehen, warum ein Baby, das wenige Augenblicke später als neuer Mensch geboren werden sollte, noch einen Exorzismus benötigen würde. Thomas von Aquin (1225–1274) bemühte sich, diese Riten verständlich zu machen. Er schreibt, der Teufel sei der Feind des menschlichen Heils. Und der ungetaufte Mensch, der der Erbsünde unterworfen ist, steht unter seinem Einflußbereich, und dies könne die Taufe behindern. Daher sollte der Exorzismus vollzogen werden. Obwohl zur Zeit von Thomas nur noch Kinder getauft wurden, sind die Ausführungen auch wieder für einen Erwachsenen passend, der den Katechumenat durchläuft und in der Tat Anfechtungen ausgesetzt ist. Denn dem Widersacher ist es ein Anliegen, daß der Mensch nicht zur Taufe gelangt, und so gibt die Kirche Hilfen zur Überwindung der Anfechtungen des Bösen gerade in der Zeit, in der die Entscheidung für die Taufe anfällt.

Heute wird der Teufel ausdrücklich eigentlich nur in der Absage genannt: Erwachsenen Taufbewerbern oder den Eltern von Kleinkindern werden, bevor sie nach ihrem Glauben gefragt werden, drei Fragen vorgelegt. Diese müssen mit „ich widersage" beantwortet werden. So fragt derjenige, der die Taufe spendet, den Täufling oder die Eltern:

„Widersagen Sie dem Bösen, um in der Freiheit der Kinder Gottes leben zu können?"

„Widersagen sie den Verlockungen des Bösen, damit es nicht Macht über Sie gewinnt?"

„Widersagen Sie dem Satan, dem Urheber des Bösen?"

Diese Fragen, die in jeder Osternacht auch den bereits getauften Gläubigen vor der Erneuerung ihrer Taufversprechen gestellt werden, lassen noch einmal klar erkennen: Auch nach der Taufe kann der Mensch sich wieder zum Bösen hinwenden. Der Mensch kann sich selbst einordnen: In das Heer derjenigen, die dem Bösen nachgehen, oder in das Volk Gottes. Es ist der freie Wille eines jeden Menschen, sich für Gott und gegen den Teufel zu entscheiden.

Auch der Ritus für den Exorzismus sieht vor, dem getauften Gläubigen, der unter dem Teufel in besonderer Weise zu leiden hat, diese Fragen zu stellen, bevor er sein Taufversprechen erneuert. Wenn der Zustand des Besessenen es erlaubt, sie zu beantworten, bringen sie deutlich zum Ausdruck, daß der Exorzismus keine an einem Menschen gegen seinen Willen vollzogene Handlung ist, sondern seine Einwilligung voraussetzt.

2. Weitere Hilfen

Trotz der Taufe lebt der Christ in der Welt und wird versucht. Was kann er dagegen tun? Er muß zunächst wachsam sein. Petrus schrieb, wie wir sahen, daß der Teufel wie ein brüllender Löwe umhergeht, der zusieht, wie er an Beute kommt. Und wer das Bild weiter ausführen möchte, weiß, daß der Löwe gut getarnt durch die Farbe seines Fells in der Umgebung – auch der Umgebung des Christen – fast unkenntlich ist. Der Löwe springt seine Beute plötzlich an, oder jagt sie kurz, vor allem wenn sie damit beschäftigt ist, zu fressen. Das Bild des Petrus stimmt: Der Teufel tut sich dort leichter, wo die Menschen mit sich und mit der Suche nach dem „immer mehr" beschäftigt sind. Das Gebet und ein genügsamer Lebensstil scheinen wirksame Mittel gegen die Angriffe des Teufels zu sein. Sicherlich ist dies schwerer, wenn völlig verlorengegangen ist, daß das Leben des Christen in der Tat einen Kampf darstellt.

Nicht umsonst hat das neue Rituale für den Exorzismus in seinem Anhang alte und neue Gebete aufgenommen, die zum privaten Gebrauch der Gläubigen gedacht sind, die sich im Kampf gegen die Mächte der Finsternis befinden. Darin haben ihren Platz auch die Allerheiligenlitanei, Anrufungen der Dreifaltigkeit, Jesu Christi, zur Muttergottes oder zum hl. Michael sowie einige einfache Gebete.

Das ist auch den Vorbemerkungen des alten und neuen Rituale gemeinsam: die wiederholte Betonung der Bedeutung des Gebets. Dazu wird der Priester, der den Exorzismus vornimmt, angehalten, aber auch die kleine Gemeinde, die daran teilnimmt sowie der Besessene selbst, so gut er kann. Es wird außerdem betont, daß auch nach seiner Befreiung der Gläubige dazu angehalten werden soll zu beten, und die Sakramente der Beichte und Eucharistie zu empfangen und ein christliches Leben zu führen.

Besondere Bedeutung hat im Kampf gegen das Böse das Sakrament der Buße. Dies scheint auf den ersten Blick hin leicht verständlich. Das Sakrament gibt dem Christen, der nach der Taufe wieder in die Verstrickung der Sünde gefallen ist, sei es nun aus der natürlichen Begierde oder sei es, weil er vom Teufel versucht wurde, die Möglichkeit einer zweiten Umkehr.

Doch wenn man die Perspektive des Kampfes gegen das Böse wieder anwenden möchte, kann man am Bußsakrament einen weiteren Gewinn erkennen. Jedes Mal wenn der Gläubige seine Sünden bekennt, legt er das Böse offen, hält nicht daran fest, dem Teufel ist ein weiterer Sieg verlorengegangen. Das offene Aussprechen der eigenen Niederlagen im Kampf gegen das Böse deckt das Spiel des Feindes auf. Der Gläubige wird danach wachsamer sein, klarer erkennen, wo seine Fehler sind, um diese zu vermeiden. Auf dem geistigen Schlachtfeld ein wesentlicher Gewinn. Es verwundert also nicht, daß die Exorzisten die Beichte immer wieder das wichtigste Mittel im Kampf gegen das Böse nennen.

Kann man trotz aller dieser „Vorkehrungen" vom Teufel besessen werden? Diese Frage ist ähnlich zu behandeln wie die Frage nach einer Grippe. Kann man sie auch bekommen, wenn man alle Vorkehrungen getroffen hat? Wenn man sich hat impfen lassen, Vitamine ißt, einen Mantel und Schal trägt und es vermeidet, mit grippekranken Menschen zusammenzukommen? Jeder von uns würde sagen: Natürlich könnte man trotzdem die Grippe bekommen, aber es ist viel unwahrscheinlicher, als wenn man sich – ungeimpft, leicht gekleidet, ungesund ernährt – mit Menschen umgibt, die gerade eine Grippe haben. Und dennoch gibt es Menschen, die auch dann nicht krank werden. Die Besessenheit ist keine Krankheit, sondern eine Zulassung Gottes. Doch wir können sehr viel tun, damit wir dem Bösen entkommen.

VI. Der Heilige Geist

Der letzte Abschnitt des Glaubensbekenntnisses fehlt bei unserer Betrachtung noch.

Darin heißt es:
„Wir glauben an den Heiligen Geist,
der Herr ist und lebendig macht,
der aus dem Vater und dem Sohn hervorgeht,

der mit dem Vater und dem Sohn
angebetet und verherrlicht wird,
der gesprochen hat durch die Propheten,
und die eine heilige, katholische
und apostolische Kirche.
Wir bekennen die eine Taufe
zur Vergebung der Sünden.
Wir erwarten die Auferstehung der Toten
und das Leben der kommenden Welt. Amen."

Hat der Heilige Geist etwas mit dem Exorzismus zu tun, mit Besessenheit oder dem Teufel? Daß die Kirche damit etwas zu tun hat, mag einleuchtend klingen, vor allem weil die Taufe und die Vergebung der Sünden genannt sind, aber auf den ersten Blick scheint es, als sei in diesem dritten Teil des Glaubensbekenntnisses ein Bruch, als habe der Teil, in dem es um die Kirche geht, ein eigenes Leben, und nur wenig mit dem Bekenntnis zu Gott, dem Heiligen Geist, zu tun. Dabei ist der Zusammenhang zwischen dem Heiligen Geist und der Kirche, der Taufe, der Beichte und der Auferstehung der Toten nur allzu verständlich, wenn wir die im Abendmahlssaal versammelten Apostel sehen, denen fünfzig Tage nach der Auferstehung Christi, am Pfingsttag, der Heilige Geist offenbart wird. Denn da beginnt die Tätigkeit der Kirche, die den Menschen den Sinn ihres Lebens erschließt, sie tauft und den Gefallenen, die bereuen, vergibt. Es wird schwer zu leugnen sein, daß die Kirche bereits da war, als die Jünger sich in den 50 Tagen nach der Auferstehung versammelten, aber erst am Pfingstfest wird diese Kirche nach außen hin lebendig. Vielleicht hat der hl. Irenäus (ca. 130–202) auch genau dies vor Augen gehabt, als er keine 200 Jahre nach diesem ersten Pfingstfest in Jerusalem schrieb: „Wo die Kirche ist, da ist auch der Geist Gottes, und wo der Geist Gottes ist, da ist auch die Kirche und alle andere Gnade" (Adversus Haereses 3,24,1).

Das II. Vatikanische Konzil hat in Anlehnung an den Brief des Apostel Paulus an die Korinther gesagt, daß der Geist Gottes in der Kirche und auch in den Herzen der Gläubigen wie in einem Tempel wohnt (vgl. 1 Kor 3,16; 6,19; LG Nr. 4 = DH 4104). Und dies ist auch der Grund, weswegen ein Buch über den Exorzismus nicht ohne ein Kapitel über den Heiligen Geist auskommt. Denn der Leib des Besessenen, den der Teufel sich zum Eigentum macht, gehört seit der Taufe Christus und nicht ihm selbst. Er ist eben Tempel des Heiligen Geistes geworden, und die Dämonen sind zu Unrecht dort.

VII. Der Teufel

Nach allem, was über ihn gesagt wurde, wie er als Gegenspieler des menschlichen Heils vorgestellt wurde, scheint es fast zuviel, dem Teufel ein eigenes Kapitel zu widmen. Doch über den Teufel herrscht heute ein großes Schweigen. Die Begriffe „Satan", Teufel", „Dämonen" werden nicht mehr gebraucht.

1. Der Name des Bösen
„Satan" ist der biblische Ausdruck für den, der Gott widersteht. Dies ist das Hauptkennzeichen des Bösen. Goethe

hatte ihn im „Faust" daher auch treffend mit dem Satz charakterisiert: „Ich bin der Geist, der stets verneint." „Teufel" ist der deutsche Ausdruck für den lateinischen „Diabolus", den „Durcheinanderwerfer". „Dämon" ist der spezifische Ausdruck für einen gefallenen Engel. Den biblischen Aussagen folgend, hält die katholische Kirche, wie wir sahen, den Teufel für einen gefallenen Engel. Diesem folgten andere Engel: dadurch kommt es zu dem Ausdruck in der Mehrzahl: die „Dämonen". Doch sind die Dämonen nichts anderes als Teufel – es ist dabei egal, ob die Einzahl oder Mehrzahl verwendet wird. In diesem Buch werden die verschiedenen Ausdrücke für die eine personale Wirklichkeit des Bösen ohne Unterscheidung „Teufel", „Dämonen" oder „Satan" genannt.

2. *Den Teufel beim Namen nennen*

Doch warum wird normalerweise weder in der Katechese noch in der Predigt der Teufel beim Namen genannt? Warum wird lieber vom „Bösen" in unpersönlicher Form gesprochen?

Einen Gegenstand, einen Tatbestand oder eine Person zu benennen, bedeutet ihn zu erkennen. Nur wen man kennt, kann man auch beim Namen nennen. Adam in der biblischen Geschichte „benennt" die Tiere, die ihm Gott vorführt.

Es ist erstaunlich, daß der Mensch, der sich bemüht, stets mehr zu erkennen und immer neue Namen erfindet, Dinge spezieller sieht und erforscht, das Böse einfach zusammen nimmt, und sich mit einem „Überbegriff" zufrieden gibt, als könne er darüber nichts erkennen. Es scheint eine der übrigen Entwicklung entgegengesetzter Prozeß zu sein.

Und es endet nicht mit den Namen „des Bösen", sondern auch die Begriffe, die sich auf das Wirken des Teufels beziehen, sind weitgehend aus dem Bewusstsein verschwunden oder haben eine andere Bedeutung erhalten. So natürlich „Besessenheit" oder „Umsessenheit". Über eine genaue Definition der Begriffe gibt es keine einheitliche Meinung. In diesem Buch wird häufiger der Ausdruck „Besessenheit" gewählt, wenn sie auch höchst selten auftritt. Besessenheit wird hier in dem Sinne verstanden, daß der Mensch wenigstens zeitweilig – meist in einer Art Trancezustand – völlig vom Teufel beherrscht wird und sich nicht mehr wehren kann, weil er während der Zustände entweder nicht bei Bewußtsein ist oder über seinen Körper nicht mehr Herr ist. „Umsessenheit" dagegen könnte man auch als „Teilbesessenheit" bezeichnen oder auch nur als besondere „Störung" durch den Teufel.

Aber auch gewöhnliche Ausdrücke für die Wirkung des Teufels sind fast aus unserem Sprachgebrauch verschwunden, zumindest werden sie nicht mehr in Verbindung mit dem Teufel verwendet: so wird von „Versuchung" nur noch im Zusammenhang mit Kulinarischem gesprochen. Daß „Versuchung" einen christlichen Sinn hat, der viel ernster ist, weil damit die Verführung des Teufels gemeint sein kann, der den Menschen zur Sünde treiben will, ihn vom Heil abbringen möchte, scheint nicht mehr bekannt zu sein.

Ähnlich ist es mit dem Begriff der „Sünde". Er ist fast durchgängig durch den Begriff „Schuld" ersetzt worden.

Wenn wir den Begriff der Sünde aus dem Alten und Neuen Testament nehmen, dann bedeutet er das Verfehlen eines Zieles. Man muß also ein Ziel oder einfacher eine moralische Ordnung voraussetzen, gegen die ein Verstoß eine Sünde ist. Sünde ist daher objektiv nachzuvollziehen. Schuld ist individuell und ruft nach Verantwortung. Daher spricht man wohl auch nicht von „Kollektivsünde", sondern von „Kollektivschuld". Die Schuld hängt mit ihrer subjektiven Empfindung zusammen. Wofür sich ein Mensch schuldig fühlt, hängt wesentlich von seinem Gewissen ab, das durch die Erziehung und die Gesellschaft stark beeinflußt ist. Schuldgefühle können also manipuliert werden, während die Sünde klar definiert ist. Letztlich ist es schwer zu sagen, inwieweit der einzelne schuldig geworden ist. Liegt eine Sünde vor, ist der Fall klar: Sie bedarf der Buße, der Umkehr und der Vergebung.

3. Der Glaube der Kirche

Doch was sagt die Lehre der Kirche überhaupt zum Teufel? Was muß der Katholik glauben, um zur Kirche zu gehören? Eigentlich kurz gefaßt nur zwei Dinge: daß es den Teufel gibt, und daß er wirkt. Das „wie" er wirkt, ist nicht festgelegt worden.

Das könnte beruhigend wirken, wenn nicht ein falsches Verständnis vom Teufel auch andere, viel weniger offensichtliche Folgen haben würde.

Allein der Mangel an Katechese über den Teufel als personales Wesen hat eine seltsame Begleiterscheinung: denn wenn das Böse etwas ist, was „über den Menschen kommt" und nicht ein gezielter Versuch, den Menschen von einem

Ziel abzubringen, dann lauert „es" überall. Während der Mensch, der den Teufel als personales Wesen ansieht, weiß, daß die Versuchung hauptsächlich dann da ist, wenn er Gutes tun will, wenn er sich bemüht, auf sein Ziel – auf Gott hin zu gehen – und die Versuchung selbst vielleicht noch als Bestätigung auffassen kann, auf dem richtigen Weg zu sein, so ist es ganz anders mit dem Menschen, der das Böse wie eine Wolke stets über sich sieht, weil es keinen Sinn hat, weil kein böser Plan dahinter steht, sondern eine Art blinde Willkür. Er wird sich zu schützen versuchen, und zieht sich immer mehr zurück, dahin, wo er hofft, daß das Böse ihn nicht ergreifen kann. Vielleicht kann man die völlige Entrüstung und das Entsetzen mancher verstehen, die innerhalb der Kirche – den Ort, den sie vor dem Bösen sicher wähnten – plötzlich dem Einfluß des Bösen in ungeahnten Formen begegnen. Wer dagegen das Böse personal versteht, sieht es nicht wie einen Blitz im Himmel hängen, sondern sieht auf der Erde einen Feind, den man mit Gottes Hilfe „austricksen" und besiegen kann.

Dies ist auch das Verständnis von Kirche, das dem Exorzismus zugrunde liegt. Nicht nur das fürbittende Gebet zu Gott muß angewendet werden, wenn der Böse, der Teufel, eines der Mitglieder der Kirche quält, sondern alle zur Verfügung stehende Macht. Die Kirche ist kein geschützter Raum, in dem Seelenbalsam verteilt wird, sondern ein Lager in das der Feind eindringen kann, in dem das Opfer Christi Zentrum ist, und die Kraft gibt, die Welt zu verändern, das Böse zu besiegen.

Bevor wir uns nun im zweiten Teil dieses Buches den Blick hauptsächlich auf die menschlichen Akteure des

Exorzismusrituals werfen, sei hier der Text eines Exorzismus vollständig wiedergegeben. Nach dem Gesagten sollte die Formulierung verständlicher sein, die der Priester verwendet. Sie berührt die Hauptpunkte unseres Glaubens. Eigentlich ist auch das Rituale für Exorzismen selbst erstaunlicherweise ein großes Bekenntnis zum Glauben der Kirche. Vielleicht besonders deutlich, weil sich in diesem Buch und noch stärker im gefeierten Ritus, das Licht angesichts der Finsternis des Bösen klarer abhebt:

„Ich beschwöre dich, Satan, Feind des menschlichen Heils,
erkenne die Gerechtigkeit und Güte Gottes, des Vaters,
der deine Hochmut und deinen Neid
durch gerechtes Urteil verdammt hat:
Weiche von diesem Diener (dieser Dienerin) Gottes, N.,
den (die) der Herr nach seinem Bild geschaffen,
mit seinen Gaben beschenkt
und als Sohn (Tochter) seiner Barmherzigkeit angenommen hat.

Ich beschwöre dich, Satan, Fürst dieser Welt,
erkenne die Macht und die Kraft Jesu Christi,
der dich in der Wüste besiegt,
im Garten überwunden,
der dich am Kreuz besiegt
und bei seiner Auferstehung aus dem Grab
deine Siegeszeichen in das Reich des Lichtes geführt hat:

laß ab von diesem Geschöpf, von N.,

das er sich durch seine Geburt zum Bruder (zur Schwester) erwählt

und durch seinen Tod mit seinem Blut zum Eigentum erworben hat.

Ich beschwöre dich, Satan, Betrüger des Menschengeschlechtes,

erkenne den Geist der Wahrheit und der Gnade,

der deine Nachstellungen abwehrt

und deine Lüge aufdeckt:

geh heraus von diesem Geschöpf Gottes, N.,

das er selbst mit himmlischem Siegel gezeichnet hat;

laß ab von diesem Mann (dieser Frau),

den (die) Gott durch geistliche Salbung

zu einem heiligen Tempel erbaut hat.

Weiche daher, Satan,

im Namen des Vaters, und des Sohnes und des Heiligen Geistes:

weiche auf den Glauben und das Gebet der Kirche hin;

weiche dem Zeichen des heiligen Kreuzes Jesu Christi, unseres Herrn,

der lebt und herrscht in alle Ewigkeit"

(Rituale 2004, Nr. 62).

Im vorangehenden Teil wurden hauptsächlich die „unsichtbaren" Beteiligten am Exorzismus besprochen und damit die Grundlagen für den Exorzismus. Nun muß es um die menschlichen Akteure und um den Rahmen, den Ritus selbst, gehen. Im dritten Teil wird es dann anhand der besprochenen Voraussetzungen und Rollen leichter sein, rückblickend auf einen deutschen Exorzismusfall zu schauen und Ausblicke zu geben, wie Exorzismus als Teil besonderer katholischer Seelsorge heute verstanden und praktiziert werden kann, ohne ein jahrtausendealtes und heilbringendes Rituale kirchlicher Glaubenspraxis, zu dem Jesus selbst seine Jünger beauftragt hatte, aufzugeben, weil es sich nicht mehr als solches erschließt.

I. Das Rituale

Bevor die Aufgabe des Exorzisten und die Zeichen für Besessenheit besprochen werden können, scheint es wichtig zu klären, was der Ritus des Exorzismus eigentlich vorsieht und wie man ihn heute verstehen kann. Der Exorzismus ist ein besonderer Ritus. Er ist kein Sakrament wie die Taufe, die Eucharistie oder die Ehe. Die katholische Kirche nennt Riten, die nicht Sakramente sind, aber in einer bestimmten Weise den Sakramenten ähnlich sind, „Sakramentalien". Sie ähneln manchmal auch äußerlich den Sakramenten: so erinnert z. B. der Segen, vor allem wenn Weihwasser verwendet wird, an die Taufe, beim Tischsegen kann man an die Eucharistie als Mahl erinnert werden, und bei der Weihe einer Äbtissin mögen die Zeichen und Worte an die des Sakramentes der Priesterweihe erinnern. So sagt das letzte Konzil der katholischen Kirche auch, daß Sakramentalien „heilige Zeichen (sind), durch die in einer gewissen Nachahmung der Sakramente Wirkungen, besonders geistlicher Art, bezeichnet und kraft der Fürbitte der Kirche erlangt werden" (SC 60), während die Sakramente direkt auf Christus zurückgehen.

Sakramentalien wirken aufgrund des Gebets und des Glaubens – des Spenders, des Empfängers, und vor allem aufgrund des Fürbittgebets der Kirche. Dies ist wichtig, wenn man versucht, zu verstehen, warum ein Exorzismus nicht wirkt. Im Gegensatz dazu wirkt ein Sakrament „aus sich heraus", so ist die Taufe z. B. auch gültig, wenn der Spender unwürdig ist.

An den oben genannten Beispielen war schon ersichtlich, daß die Sakramentalien untereinander sehr verschieden sind. Daher widmet der neue Katechismus den verschiedenen Sakramentalien auch drei verschiedene Abschnitte und teilt sie auch in drei große Kategorien ein. Der erste Abschnitt, unter Nummer 1671, behandelt die Segnungen, sowohl Segnungen von Menschen als auch von Gegenständen. Jeder kennt Beispiele hierfür: die Segnung von Kindern, von Verlobten, die Haussegnung oder den Tischsegen. Ein anderer Paragraph ist den Segnungen gewidmet, die dauerhaften Charakter haben und normalerweise „Weihe" genannt werden. Trotz des gemeinsamen Namens sind diese Weihen keine Sakramente und sind daher von der Priesterweihe zu unterscheiden. Durch die Weihen, die Sakramentalien sind, werden Menschen oder Gegenstände geweiht, so z. B. die Weihe des Abtes eines Klosters oder die Jungfrauenweihe, die Weihe der Öle oder die Weihe einer Kirche.

Ein eigener Paragraph ist im Katechismus der katholischen Kirche dem Exorzismus gewidmet. Er unterscheidet sich nämlich wesentlich von den anderen Sakramentalien, so daß es zunächst schwer scheint, ihn zu den Sakramentalien zu zählen. So ist der Exorzismus nicht nur von Jesus selbst vorgenommen worden, sondern Jesus hat seine Jünger damit auch ausdrücklich beauftragt. Schließlich unterscheidet er sich völlig in der Form. Der Exorzismus ist eine Beschwörung des Teufels im Namen Gottes, keine Segnung oder Weihe. Er soll den Menschen vom Bösen befreien, es ihm wieder möglich machen, die Gnade der Sakramente zu empfangen und als Christen zu leben.

Ein weiteres und letztes Merkmal der Sakramentalien soll genannt werden: sie sind von der Kirche eingesetzt, nicht von Jesus Christus. Daher können Sakramentalien auch von der Kirche unter Umständen wieder abgeschafft werden. Auch wenn der Exorzismus kein Sakrament ist, so sollte vor seiner Abschaffung doch bedacht werden, daß diesem Ritus eine besondere Stellung unter den Sakramentalien zukommt. Christus selbst hat seine Jünger beauftragt, Dämonen auszutreiben, und es existiert eine ununterbrochene Tradition – von der Apostelgeschichte bis heute – die nicht einfach übergangen werden kann. Es ist ein Unterschied, ob die Kirche aufhört, Waffen zu segnen, oder ob sie auf die Befreiung von Menschen, die unter dem Einfluß des Bösen stehen, verzichtet.

Der Wunsch, den Exorzismus abzuschaffen, ist in Deutschland im Zuge der Entchristlichung der Gesellschaft laut geworden, insbesondere nach den Exorzismen, die im Jahr 1975–76 an der Studentin Anneliese Michel vorgenommen wurden. Die deutschen Bischöfe ließen „gründliche Studien von Humanwissenschaftlern und Theologen" durchführen, und diese haben „die Deutsche Bischofskonferenz zu der Überzeugung gelangen lassen, daß die bisherige Form des Exorzismus heute nicht mehr akzeptabel sei. Sie schlug daher 1984 Rom anstelle des Exorzismus eine ‚Liturgie zur Befreiung vom Bösen' vor" (M. Probst, K. Richter, Exorzismus oder Liturgie zur Befreiung vom Bösen, S. 11.).

Die neue Liturgie, die manche gerne gesehen hätten, sieht keinen Exorzismus mehr vor. Die Formel des Exorzismus soll, so die Bestrebungen, die bis heute anhalten, ersetzt werden durch ein an Gott gerichtetes Gebet. Dies kommt einer Abschaffung des Exorzismusrituals gleich. Es zeigt sich bei genauem Hinsehen und Abwägen, daß die radikale Entchristlichung der Gesellschaft und der Ruf nach Abschaffung des Exorzismus Hand in Hand gehen. Ausdrückliche Schritte für die Abschaffung des Exorzismus unternahm in Rom, soweit dies heute bekannt ist, nur die Deutsche Bischofskonferenz. Doch eine so radikale Veränderung der Praxis der Kirche an einem einzigen Fall und an den Ergebnissen einer kleinen Studiengruppe festzumachen, scheint schwierig, vor allem weil diese einer jahrtausendealte Praxis und einem ausdrücklichen Auftrag

Jesu entgegenstehen. Und so verwundert es auch nicht, daß diese Eingabe der deutschen Bischöfe in Rom kein Gehör fand. Schließlich hatten die zum II. Vatikanischen Konzil versammelten Bischöfe angeordnet, daß die liturgischen Bücher überarbeitet werden sollten, nicht daß diese aufgrund einer Gruppe von Bischöfen aus einem Land, noch dazu unter dem Einfluß eines einzigen Falls, für die ganze Kirche abgeschafft werden könnten.

Mehr als 40 Jahre hat es gedauert, bis die Kongregation für den Gottesdienst und die Sakramentenordnung auch für das Rituale des Exorzismus dem Wunsch des Konzils Folge leistete und einen überarbeiteten Ritus vorlegte. Im Jahr 1999 stellte der Präfekt dieser Kongregation, Kardinal Medina Estévez, dieses letzte liturgische Buch der Öffentlichkeit vor. Es ist klar, daß die Kongregation versucht hat, zwischen den beiden Positionen einen Mittelweg zu finden. Doch die Vermittlung zwischen einem finsteren Pochen auf der exakten Formel eines Ritus, der offensichtlich einer Überarbeitung bedurfte, weil allein die Ausdrucksweise heute eine andere geworden ist, und manches zu Mißverständnissen führen konnte, und auf der anderen Seite einem starken Druck alles aufzugeben, den Ritus zu streichen und durch einen neuen zu ersetzen, in dem es keinen Exorzismus mehr gibt, einer „Liturgie zur Befreiung vom Bösen", erscheint unmöglich. Daher pendeln auch die Vorbemerkungen zwischen den beiden Positionen hin und her. Dieselben Gründe und Positionen sorgen noch heute für Kritik.

Der liberalen Haltung aus Mitteleuropa stehen die Exorzisten entgegen, die täglich diesen Ritus vornehmen, und ihre Erfahrungswerte. Der berühmteste unter ihnen, P. Gabriele Amorth, heute Honorarpräsident der internationalen Exorzistenvereinigung, berichtet, an der Überarbeitung des Ritus in der Kongregation habe kein Exorzist teilgenommen, und die verschiedenen Vorschläge, die bei der Kongregation von den Exorzisten eingereicht wurden, seien nicht berücksichtig worden. P. Amorth ist unzufrieden, die Deutsche Bischofskonferenz offensichtlich auch. Das Ergebnis war vermutlich abzusehen und spiegelt sich klar im augenblicklichen Zustand wider: die Deutsche Bischofskonferenz hat das Rituale entgegen den Vorgaben aus Rom nicht veröffentlicht und in Deutschland scheinen in den meisten Diözesen keine Exorzismen mehr durchgeführt zu werden, während P. Amorth und viele seiner Kollegen dank einer Ausnahmeregelung, die der Kardinalpräfekt veröffentlichte, wieder mit dem alten Rituale arbeiten.

Ist dies alles nur ein Streit unter Fachleuten, der letztlich keinen Einfluß hat auf das, was im Exorzismus passiert? Geht es hier eigentlich nur um einen Grundsatzfragenstreit, in dem die eine Seite das Konzil und seine Reformen eigentlich ablehnt, während sich die andere, scheinbar konzilstreue, zu weit hinauswagt? Ist es für den „normalen" Christen überhaupt sinnvoll, sich mit dieser Fachdiskussion zu beschäftigen?

Ohne weiter ins Detail zu gehen, bleibt zunächst festzustellen, daß eine völlige Neuformulierung der Riten vom Konzil nicht gewünscht worden ist. Ein genaues Lesen und Befolgen der Weisungen des Konzils würde die Diskussion bereits etwas begrenzen. In der Liturgiekonstitution des Vatikanums heißt es nämlich, „schließlich sollen keine Neuerungen eingeführt werden, es sei denn, ein wirklicher und sicher zu erhoffender Nutzen der Kirche verlange es. Dabei ist Sorge zu tragen, daß die neuen Formen aus den schon bestehenden gewissermaßen organisch herauswachsen" (Nr. 23 = DH 4023). Nehmen wir auch an, daß die Deutsche Bischofskonferenz wirklich recht haben sollte, und eine wirkliche Neuerung hätte eingeführt werden müssen: Ob sich der neue Ritus aus dem alten wirklich organisch entwickelt hat, ist eine Ermessensfrage, denn viele Gebete sind nicht verändert, auch nicht klarer formuliert, sondern sind völlig neu geschrieben worden, und damit sind in der Tat Neuerungen eingeführt worden, die sich nicht wirklich aus dem Vorangehenden „organisch" entwickelt haben. Und damit geht der neue Ritus über das, was das Konzil gewünscht hatte, offensichtlich hinaus. Dabei scheint nicht einmal die Deutsche Bischofskonferenz in ihrem radikalen Anliegen, den Ritus des Exorzismus zu streichen, zufrieden zu sein, denn dies konnte und wollte die Kongregation doch nicht tun.

P. Amorth sagt, die Kongregation habe den Exorzisten mit dem neuen Ritus eine Waffe gegeben, die nicht geladen sei. „Wirksame Gebete wurden gestrichen, Gebete, die es seit 12 Jahrhunderten gab – dafür wurden neue geschaffen, die vollkommen ineffizient sind" (Exorzisten und Psychiater, S. 242).

Doch auch diese Behauptung ist schwerwiegend, denn der Exorzismus ist ein Sakramentale und daher wirkt er aufgrund des Glaubens der beteiligten Personen und des Fürbittgebets der Kirche, nicht aufgrund von bestimmten

Worten. Das berichtete ja bereits die Apostelgeschichte mit den Söhnen des Skeuas (Apg 19,13 f.): Nicht einfaches Sprechen einer Formel bringt den Teufel zum Weichen, sondern der Glaube. Die Worte sind sicher wesentlich, aber die eine oder andere Formulierung – wenn die Merkmale einer exorzistischen Formel beibehalten werden – sollte wesentlich nichts ändern.

Bevor die Merkmale einer exorzistischen Formel herausgearbeitet werden können, muß die Frage geklärt werden, was ein Exorzismus eigentlich ist. Ein Blick auf den Ausdruck „Exorzismus" und seine Verwendung kann dabei manches erläutern: In der Heiligen Schrift kommt der Ausdruck „Exorzismus" (vom griechischen *exorkismós)* im Alten Testament zweimal vor, im ersten Buch der Könige 22,16 („Doch der König entgegnete: Wie oft muß ich dich beschwören, mir im Namen des Herrn nur die Wahrheit zu sagen?") und im Buch Genesis 24,3 („Ich will dir einen Eid beim Herrn, dem Gott des Himmels und der Erde, abnehmen, daß du meinem Sohn keine Frau von den Töchtern der Kanaaniter nimmst, unter denen ich wohne"). In beiden Fällen hat es den Sinn, eine verbindliche Aussage zu erhalten. Im Neuen Testament kommt das Wort nur einmal vor. Es geschieht wie der Hohepriester zu Jesus sagt: „Ich beschwöre *(exorkízo)* dich bei dem lebendigen Gott, sag uns: Bist du der Messias, der Sohn Gottes?" In diesem Sinn verstanden es die Texte der Exorzismen, die bis ins IV. Jahrhundert zurückverfolgt werden können, und diesem Sinn interpretierte es auch Rabanus Maurus (De universo libri viginti duo. De Exorcismo, Buch V, Kap. XII, PL III, Sp. 136) als *coniuratio,* d. h. einen

61

Eid leisten, oder als *sermo increpationis,* also eine Rede, die jemanden anfährt oder anbrüllt.

In der Apostelgeschichte (19,13) wurde der Ausdruck bereits in speziellerer Bedeutung verwendet, wenn es um die herumziehenden jüdischen Beschwörer geht.

Es wird überraschen, aber Exorzismus ist offensichtlich in der Bibel kein Ausdruck, um etwas oder jemanden zu vertreiben, sondern ein Ausdruck, der jemanden zwingen soll, etwas im Namen Gottes, also verbindlich, zu sagen oder zu tun. Es scheint ein Ausdruck zu sein, der eine Gerichtssituation vor Augen hat. So wundern auch die Inhalte der alten exorzistischen Formeln nicht, in denen die Ausdrücke „Richter" und „Urteil" zu finden sind: „Ich beschwöre dich, alte Schlange, bei dem Richter der Lebenden und der Toten, bei deinem Schöpfer ..." (Rituale 1954, S. 51), und im neuen Rituale heißt es: „Ich beschwöre dich, Satan, Feind des Menschen, erkenne die Gerechtigkeit und Güte Gottes des Vaters, der deinen Hochmut und deinen Neid durch gerechtes Urteil verdammt hat: Weiche ..." (Rituale 2004, Nr. 62).

Wenn dieser „gerichtliche" Zusammenhang als Analogie genommen wird, kann sie hilfreich sein, um die Formel und deren kennzeichnende Elemente besser zu verstehen.

Es geht eigentlich nur um einen Urteilsspruch. Es stehen sich ein Richter und ein Angeklagter gegenüber. Der Angeklagte hat sich etwas genommen, was ihm nicht gehört: Der getaufte Mensch, wir sahen es im ersten Teil, ist nicht mehr unter der Herrschaft des Teufels. Er ist ganz im Gegensatz ein Kind Gottes, sein Leib sollte Tempel des Heiligen Geistes sein, nicht Wohnung für den Teufel oder seine Dämonen. Nun muß der Richter den Teufel dazu zwingen, seine „Beute" freizugeben, zu weichen. Und genau dies ist es auch, was der Priester tut. Und so befiehlt er in der stärksten Form, im Imperativ: „weiche" oder „mache dich fort". Dabei verwendet er den Ausdruck „ich beschwöre dich". Wenn wir dies im Sinne der Heiligen Schrift lesen wollen, so könnte der Priester auch sagen: „ich verlange von Dir einen Eid" oder „ich fordere verbindlich".

Doch was wäre das für ein Richter, der ein einfacher Mensch ist und sich anmaßt ein geistiges Wesen abzu- urteilen? Wird der Teufel darauf hören? Nein, der Teufel hört nicht auf einen Menschen. Doch das ist das wesent- liche Element des Exorzismus. Der Priester spricht nicht in seinem Namen. Wenn er sagt „ich beschwöre dich", so ist immer auch „bei Gott" angefügt, manchmal, im alten Ritus, ist dabei ausdrücklich gesagt, daß nicht der Priester das „ich" ist, das befiehlt, sondern Gott. So beispielsweise in diesem Exorzismus: „Ich beschwöre dich, alte Schlange, bei dem Richter der Lebenden und der Toten, bei deinem Schöpfer und dem Schöpfer der Welt ... weiche eilends und voller Furcht ... ich beschwöre dich wiederum, nicht durch meine Schwachheit, sondern durch die Kraft des Heiligen Geistes ... weiche, nicht mir, sondern dem Die- ner Christi ... Glaube nicht, du könntest mich verachten, weil du weißt, daß ich ein großer Sünder bin. Gott gebie- tet dir ..." (Rituale 1954, S. 51)

Im alten Ritus war auch ein Gebet für den Exorzisten vorgesehen. Es ging dem ersten Exorzismus voraus und folgte auf das Evangelium, auf das es auch Bezug nahm:

„Du hast Deinen heiligen Aposteln die Macht verliehen, auf Schlangen und Skorpione zu treten. Bei Deiner Weisung, Wundertaten zu vollbringen, hast Du auch befohlen: Treib die Dämonen aus! Durch Dein Machtwort fiel der Satan wie ein Blitz vom Himmel herab. Voll Furcht und Zittern rufe ich Deinen heiligen Namen an und bitte Dich, verleihe mir, Deinem unwürdigen Diener, Verzeihung all meiner Sünden, festen Glauben und die Macht, gestärkt durch die Kraft Deines heiligen Arms, diesen grausamen Dämon zuversichtlich und furchtlos anzugreifen ..." (Rituale 1954, S. 45).

Weitere Elemente sind für eine exorzistische Formel kennzeichnend, so das Nennen der Situationen der Heilsgeschichte, in denen der Teufel bereits unterlegen war. Es scheint, als würde der Teufel dadurch geschwächt. Man zählt ihm die Male auf, in denen er Niederlagen und Verurteilungen erlitten hatte, und dabei fehlt die ausdrückliche Nennung des Kreuzes Christi nie, denn es stellt ja den endgültigen Sieg Christi über die Herrschaft des Bösen dar. Oft finden sich in alten Exorzismen auch Beschimpfungen des Satans, die klarstellen, was von diesem zu erwarten ist: „Höre also und fürchte dich, Satan, du Glaubensfeind, du Widersacher des Menschengeschlechtes, du Mörder und Räuber des Lebens, du Verächter der Gerechtigkeit, du Wurzel aller Übel, du Herd aller Laster, du Verführer der Menschen, du Verräter der Völker, du Aufwiegler zum Neid, du Ursprung des Geizes, du Ursache der Zwietracht, du Erreger von Leid und Leiden" (S. 47).

Schließlich findet sich in den Exorzismen stets die trinitarische Formel: „Dir gebietet Gott der Vater, dir gebietet

Gott der Sohn, dir gebietet Gott der Heilige Geist" (S. 51), oder im neuen Ritus: „Weiche daher, Satan, im Namen des Vaters und des Sohnes und des Heiligen Geistes" (Rituale 2004, Nr. 62).

Man möge daran denken, daß der Exorzismus immer an den Teufel und an die Dämonen gerichtet ist, nicht aber an die besessene Person. Nicht diese sollte bekennen, sondern der Teufel sollte die Stellung Gottes anerkennen und daher auch das Urteil, das bereits über ihn gefällt wurde, und Kraft dessen er auch in dem Fall, um den es in dem Ritus geht, seine Unterlegenheit annehmen und weichen muß.

Angesichts der nun herausgestellten Bedeutung hat der Ausdruck des neuen Rituals, nämlich „deprekativer Exorzismus", keinen Sinn. Wenn es sich um einen Befehl an den Teufel handelt, ist es eine Beschwörung, also ein Exorzismus, wenn es sich dagegen an Gott richtet, kann es sich um keine Beschwörung handeln, also auch nicht um einen Exorzismus. „Formeln", die sich an Gott richten und ihn um die Befreiung vom Teufel bitten, sind keine Exorzismen, sondern Gebete. In diesem Sinne verwende ich in diesem Buch den Ausdruck „deprekativen Exorzismus" nicht, weil er ein Widersinn ist, sondern die Ausdrücke „(Befreiungs-)Gebet" und im Fall der direkten Beschwörung des Teufels den Ausdruck „Exorzismus(formel)".

Auch wenn der Exorzismus eine liturgische Feier ist, so ist er an sich nicht genau zu planen, weil es davon abhängt, wie der Teufel reagiert. Dennoch ist eine Struktur vorgegeben. So versammelt sich eine kleine Gemeinde im Namen des Dreifaltigen Gottes an einem geeigneten

Ort, nicht in der Kirche, die auch für andere Menschen zugänglich ist. Alle werden durch die Besprengung mit Weihwasser an ihre Taufe erinnert, in der sie von der Herrschaft des Teufels befreit wurden. Alle rufen in der Allerheiligenlitanei die Heiligen des Himmels zur Hilfe an, besonders den Namenspatron des Besessenen. Danach werden Psalmen gebetet, schließlich liest der Exorzist das Wort Jesu im Evangelium vor. Es folgte im alten Ritus das Gebet des Priesters über sich selbst, im neuen dagegen ist dies ausgelassen, es folgen die Auflegung der Hände, das Glaubensbekenntnis/Taufversprechen, das Vaterunser, und das Zeigen des Kreuzes.

Der alte Ritus sah außerdem vor, die Dämonen zu drängen, ihren Namen zu nennen, den Tag und die Stunde, wann sie fortgehen würden. Die Exorzisten tun es heute noch. Den oder die Dämonen gedrängt zu haben, ihren Namen zu nennen, bedeutet, ihnen den Willen des Exorzisten aufgedrängt zu haben. Der Name gehört zu einem Wesen, er kennzeichnet es. Wer jemanden oder etwas anderes „haben" möchte, muß den Namen kennen. Den Teufel zu drängen, im Namen Jesu Christi zu sagen, wann er ausfahren wird, ist ein weiterer Machtbeweis. Doch erst der Exorzismus selbst ist der Ausdruck aller Macht, die der Priester im Namen Jesu Christi aufbringen kann.

Vor jedem Exorzismus kommt ein Gebet. Diese werden im neuen Rituale gerne als Neuerung dargestellt, tatsächlich sind sie bereits im alten Rituale vorhanden. Im alten Rituale waren sie von Kreuzzeichen unterbrochen und beinhalteten einen Segen, das neue Rituale verzichtet in diesen Gebeten auf das Zeichen des Glaubens und vertraut auf die Worte. Der Text der Gebete ist verändert und verlängert worden. Nach dem Gebet folgte im alten Rituale der eigentliche Exorzismus. Er ist der „Höhepunkt" der liturgischen Feier. Weder im alten noch im neuen Rituale fehlen die grundlegenden Gebete unseres Glaubens und die Elemente eines Wortgottesdienstes. Das neue Rituale sieht also folgenden Ablauf vor: Kreuzzeichen, Segnung des Wassers, Besprengung mit Weihwasser, Allerheiligenlitanei, Psalm, Gebet, Evangelium, Handauflegung, Glaubensbekenntnis, Kreuzzeichen, Anhauchung, Befreiungsgebet, Exorzismus, Magnifikat oder Benediktus, Segen. Dem Priester standen auch im alten Ritus verschiedene Gebete und Exorzismen zur Verfügung, die auch im neuen Rituale vorgesehen sind. Öfter sollten wiederholt werden: das Vaterunser, das Ave-Maria und das Glaubensbekenntnis. Außer dem Magnifikat und Benediktus und einer großen Anzahl Psalmen sah der alte Ritus noch das Athanasianische Glaubensbekenntnis vor, das Glaubensbekenntnis, das dem Athanasius von Alexandrien zugeschrieben wird und vermutlich aus dem Ende des 5. Jahrhunderts stammt. Es gehört zu den alten Schätzen der Geschichte des Glaubens und wurde im Mittelalter in der Liturgie wahrscheinlich häufiger als das „große Glaubensbekenntnis" verwendet. Es ist zu bedauern, daß es nicht übernommen wurde.

Die Struktur des Ritus selbst hat sich also nicht wesentlich verändert. Außer der Befragung des Teufels, die im neuen Ritus nicht mehr vorgesehen ist, und dem Gebet, das der Priester für sich selbst sprach, sind die wesentlichen Elemente beibehalten worden. Die Kritik des neuen

Rituals bezieht sich also eher auf den Inhalt der Gebete und Formeln als auf den Ablauf.

II. Der Exorzist

Wohin soll sich heute in Deutschland jemand wenden, wenn er meint, daß er selbst oder einer seiner Angehörigen vom Teufel besessen ist? Wenn er zum Pfarrer seiner Gemeinde ginge, um um den Exorzismus zu bitten, würde dieser ihn wahrscheinlich sofort für verrückt erklären und ihn bestenfalls zum Psychiater schicken. Im bekannten Hollywood-Film „Der Exorzist" (1973) gibt der Jesuitenpater, als die Mutter des besessenen Mädchens zu ihm kommt mit der Frage: „Wenn ein Mensch besessen ist ... was muß er tun, um einen Exorzismus zu bekommen?" zunächst die Antwort: „Da müßte man ihn zunächst in eine Zeitmaschine setzen und ins Mittelalter zurückschicken". Erst dann wird er ernster und erklärt: „So etwas gibt es einfach nicht mehr", beschreibt kurz die Krankheiten, um die es sich handeln könnte, und die er als Psychiater kennt und fügt schließlich an: „Seit meinem Eintritt in den Jesuitenorden habe ich nicht einen Priester kennengelernt, der einen Exorzismus durchgeführt hätte, nicht einen."

Seit dem Jahr 1614 ist der Ritus des Exorzismus ja dem Priester vorbehalten. Dies gilt für alle Exorzismen, also für die Formeln, die sich direkt an den Teufel wenden. Es gibt nur eine Ausnahme: den kleinen Exorzismus von Papst Leo XIII., den auch der Laie, aber nur über sich selbst, beten darf. Der „große Exorzismus", wie die anderen Exorzismen genannt werden, um sie vom „kleinen", den von Leo XIII., zu unterscheiden, darf nur von einem Priester gebetet werden, aber auch nicht von jedem. Er braucht dazu eine eigene Erlaubnis durch den Bischof.

Es reicht also nicht, wenn der Besessene oder seine nächste Umgebung sich an den Pfarrer der Heimatgemeinde wendet, damit dieser die Gebete spricht, die zur Befreiung nötig sind. Wirkliche Besessenheit wird am leichtesten durch den Exorzismus gelöst. Daß dieser nur wenigen Priestern vorbehalten ist, die dazu eine eigene ausdrückliche Erlaubnis vom Bischof erhalten mußten, war in der Vergangenheit sicherlich nichts Besonderes. Auch die Erlaubnis, Beichte zu hören, wurde nicht allen Priestern einfach mit der Priesterweihe gegeben. Oft bekam der Priester sie erst später, wenn er reifer war, wenn er noch studiert oder sich bewährt hatte. Berühmte Beispiele dieser Praxis sind der hl. Pfarrer von Ars und Pater Pio. Beide wurden dann „berühmt" wegen ihrer außerordentlichen Art, Beichte zu hören.

Doch welche Bedingungen sollte der Priester, der für den Dienst des Exorzisten ausgesucht wurde, erfüllen? Das neue Rituale sagt in den Vorbemerkungen, daß sich dieser durch Weisheit, Klugheit und Integrität auszeichnen sollte und sich zusätzlich in besonderer Weise auf diesen Dienst vorbereiten sollte (Nr. 13, siehe CIC, 1172 § 2). Besonders wichtig erscheint der Hinweis: „der Priester aber, dem der Dienst eines Exorzisten ... anvertraut wird, führe dieses Werk der Liebe vertrauensvoll und demütig aus unter der Aufsicht des Diözesanbischofs."

Die Richtlinien des alten Rituale beschrieben die Eigenschaften des Priesters ähnlich, wenn sie sagten, daß dieser Priester sich „durch Frömmigkeit, Klugheit und unbescholtenen Lebenswandel" auszeichnen sollte. Zusätzlich wiesen die Richtlinien darauf hin, „daß er reifen Alters sei und nicht bloß wegen seines Auftrages, sondern auch wegen seines sittlichen Ernstes Achtung verdient".

1. Zusammen mit dem Bischof

Es scheint in einigen Diözesen unvorstellbar, daß der Bischof die Erlaubnis für einen Exorzismus geben könnte. Doch ist es möglich, daß ein Priester ohne die Erlaubnis des Ortsbischofs Exorzismen durchführt? Manch ein Priester heute wird dazu versucht sein, vor allem wenn er meint, einem leidenden Menschen damit helfen zu können.

Der eigentliche Exorzist der Diözese ist der Bischof selbst. Es wäre also nicht unpassend, daß er selbst, wenn es nötig ist, einen Exorzismus durchführt, statt diese Aufgabe zu delegieren. Es liegt außerdem in der Verantwortung des Bischofs, wenn in seiner Diözese Menschen jahrelang, oft ruhiggestellt in psychiatrischen Anstalten, leiden, nur weil er Angst hat, durch das Sprechen eines Exorzismus Anstoß zu erregen.

Und was soll der Priester, der diesen Zustand sieht, tun? Er kann für diesen Menschen die Messe feiern, er kann – auch zusammen mit anderen – für diesen Menschen beten und fasten. Auch dies wird zum Erfolg führen, wenn und wann es Gott will. Sicherlich wird es mühsamer sein und wohl auch länger dauern, es wird eine ganze Menge

mehr Glaube und Kraft in Anspruch nehmen. Den „großen" Exorzismus aber kann er nur mit ausdrücklicher Erlaubnis sprechen, weil er sich hier auf einen Kampf mit
dem Teufel einläßt, den er allein, ohne das Gebet der Kirche, nur schwer gewinnen kann. Sakramentalien bedürfen
des Fürbittgebets der Kirche. Es kann keinen Exorzismus
außerhalb der Strukturen der Kirche geben. Und wenn er
doch „funktioniert", müssen sich alle Beteiligten fragen,
warum der Teufel gewichen zu sein scheint. Denn nur
dem Teufel kann daran gelegen sein, den Keil der Spaltung zwischen den Bischof und seine Priester zu treiben.
Ignatius von Antiochien schrieb das kurz und klar: „Wer
ohne des Bischofs Wissen etwas tut, der dient dem Teufel"
(Ignatius an die Smyrnaer, Kap. 9, 1). Daran sollten auch
all diejenigen denken, die lange Reisen auf sich nehmen,
um zu jemandem zu fahren, der ohne ausdrückliche Erlaubnis des Bischofs Exorzismen durchführt.

2. Demut

Man mag sich fragen, warum Demut im Amt des Exorzisten gefragt ist. Und mit Demut ist sicher zunächst gemeint, über die durchgeführten Exorzismen zu schweigen und nicht Anerkennung und Ehrung durch die
Öffentlichkeit – auch nicht die bestimmter Kreise – zu
erhalten. So wird es in Nummer 19 der Richtlinien des Rituale gegenüber der Öffentlichkeit ausdrücklich verlangt.
Auch bei der Auswahl des Priesters, den der Bischof für
das Amt des Exorzismus bestellt, sollte ein Bischof die
Selbstbewerbung eines Priesters mit großer Skepsis betrachten. Dahinter stehen möglicherweise ganz andere

Interessen, als den Menschen, die aus vielerlei Gründen leiden, zu helfen. Das Amt des Exorzisten sollte einem Priester übertragen werden, der dies nicht ersehnt. Demut ist gefragt, wenn es darum geht, den Menschen zu begegnen, die Hilfe suchen. Es ist nicht nur das Treffen mit dem Exorzisten, das diesen Menschen befreien wird, sondern, wie wir sahen, das Fürbittgebet der Kirche und der Glaube des Menschen, der unter dem Teufel zu leiden hat. Auch mag ein Exorzist leicht der Versuchung erliegen, zu meinen: „Und nun gehorchen mir sogar die Dämonen." Leider stimmt das nicht: Dämonen gehorchen Gott, nicht den Menschen.

3. Frömmigkeit

Vermutlich kann man davon ausgehen, daß die „Integrität", die im neuen Ritus als Voraussetzung gefragt ist, auch das im alten Ritus mit „Frömmigkeit" Bezeichnete meint. Wichtig ist sie, weil der Exorzismus, wie wir sahen, kein Sakrament ist und die persönliche Haltung des Priesters daher wesentlich ist. Es sind nicht in erster Linie die Worte, als vielmehr Gottes Allmacht, die schließlich den Teufel vertreibt. Der Glaube daran ist wesentlich. Wenn die Worte dem Glauben Ausdruck geben, daß Gottes Macht größer ist als die des Widersachers, daß das Opfer Christi am Kreuz auch für unsere heutige Welt ist, daß das Leben des Christen im Vertrauen und in der Nachfolge Christi gelebt werden kann, und daß daher das Herz frei gehalten werden muß vom Bösen ... kann dann der Priester, der sie spricht, sie selbst nicht glauben? Wie kann der Priester Dämonen austreiben, wenn er selbst nicht ein Vorbild in diesem Glauben ist? Auch wenn die Autorität, die den Teufel bezwingt, die Autorität Gottes ist, wird sie vermittelt durch den Priester, der im Exorzismus an Christi Stelle dem Teufel befiehlt. Die praktische Erfahrung zeigt, daß die Exorzismen nicht wirken, oder nur nach langer Zeit wirken, wenn kein fester Glaube dahintersteht. Es mag so sein, wie das Licht durch eine Fensterscheibe: der Raum wird nie von der Dunkelheit befreit werden, wenn die Fensterscheibe voller dunkler Flecken ist. So ist auch zu verstehen, warum manche Heilige allein durch ihr gläubiges, an Gott gerichtetes Gebet Dämonen austreiben konnten, während manche Exorzisten Jahre brauchen, um dasselbe Ergebnis zu erzielen. Es scheint nach dem bisher Gesagten, daß alles von der Heiligkeit des Exorzisten abhängt, doch das ist nicht richtig. Es braucht, wie wir sahen, auch den Glauben des Besessenen – soweit möglich – und den Glauben der Kirche. Doch handelt es sich hier nicht um eine mathematische Formel: Ob und wann ein Mensch von der Besessenheit befreit wird, hängt von Gott selbst ab, dessen Pläne andere sein können, als die der Menschen. In jedem Fall ist hier, wie so oft, auch unsere Mitwirkung gefragt, vor allem das Gebet. Der hl. Jakobus schrieb in seinem Brief: „Viel", man bemerke, er schreibt nicht „alles", „vermag das inständige Gebet eines Gerechten" (5,16), und dies gilt sicher auch für den Exorzisten.

4. Klugheit und Unterscheidung der Geister

Das wesentliche Element, das einen Bischof leiten sollte, einen bestimmten Priester zum Exorzisten zu ernennen, ist, daß er Klugheit und Frömmigkeit besitzt sowie daß er es versteht, die „Geister zu unterscheiden". Diese Gabe wird im Ritus nicht ausdrücklich verlangt, muß aber mit dem Wort „Klugheit" gemeint sein. Von „Unterscheidung der Geister" schreibt Paulus im 1. Korintherbrief. Sie ist eine Gabe, die Gott schenkt, aber es muß um sie auch gebetet werden. Klugheit allein reicht nicht. Daher war die besondere Betonung der Frömmigkeit in den Richtlinien des alten Rituals sehr angebracht.

Was bedeutet es, wenn jemand Geister unterscheiden kann? Und welche Geister sind gemeint? Im biblischen Kontext finden wir verschiedene Geister.

Im Alten Testament finden wir böse Geister an verschiedener Stelle. Sie bringen Menschen z. B. zur Raserei (1 Sam 18,10–12) oder zum Streit (Ri 9,23). Es gibt auch einen Geist der Ohnmacht (Jes 29,10) und einen der Lüge (1 Kö 22,20–22). Heute würden wir diese, wenn sie nicht aus dem Menschen selbst kommen, dem Teufel zuschreiben. Oft geben sich Dämonen eigene Namen, die ein Exorzist (Rodewyk) mit gewissen Eigenschaften in Verbindung brachte. So könnte der böse Geist des Streites z. B. Kain heißen, weil er den Streit mit dem Bruder suchte. Böses kann, so das Alte Testament, sowohl aus dem Menschen selbst kommen, als auch von einem Geist verursacht sein.

Doch das Alte Testament kennt auch den guten Geist. Er kommt von Gott. Wir finden ihn häufig. Etwa im Buch Numeri (11,17), im 1. Buch Samuel 11,6 oder 16,13, dem Vers, in dem von der Salbung Davids berichtet wird: „Samuel nahm das Horn mit dem Öl und salbte David mitten unter seinen Brüdern. Und der Geist des Herrn war über David von diesem Tag an. Samuel aber brach auf und kehrte nach Rama zurück."

In den Evangelien steht Jesus im Mittelpunkt. Er kann die Geister ohne Mühe unterscheiden. Der Geist führt ihn nach der Taufe in die Wüste, und dort kann er die Versuchungen des bösen Geistes erkennen und überwinden. An Jesus scheiden sich die Geister, aber er selbst hält sie genau getrennt, so erkennt er auch, von welchem Geist seine Jünger getrieben werden. In wenigen Versen wechselt der Geist, der Simon Petrus sein Bekenntnis eingibt, radikal. Zunächst sagt Jesus zu Petrus, der ihn als Messias erkannt hat: „Selig bist du, Simon Barjona; denn nicht Fleisch und Blut haben dir das offenbart, sondern mein Vater im Himmel" (Mt 16,17). Und als Petrus wenige Verse später den Tod Jesu nicht akzeptieren will, sagt ihm Jesus: „Weg mit dir, Satan, geh mir aus den Augen! Du willst mich zu Fall bringen; denn du hast nicht das im Sinn, was Gott will, sondern was die Menschen wollen" (Mt 16,23).

Auch die Jünger Jesu können die Geister unterscheiden. In der Apostelgeschichte ist es Paulus, der einen Geist erkennt und später austreibt: „Als wir einmal auf dem Weg zur Gebetsstätte waren, begegnete uns eine Magd, die einen Wahrsagegeist hatte und mit der Wahrsagerei ihren Herren großen Gewinn einbrachte" (Apg 16,16). Auch warnt Paulus vor den bösen Geistern, wie er an die Epheser schreibt: „Denn wir haben nicht gegen Menschen aus Fleisch und Blut zu kämpfen, sondern gegen die Fürsten und Gewalten, gegen die Beherrscher dieser finsteren Welt, gegen die bösen Geister des himmlischen Bereichs" (6,12).

Doch welche Elemente können heute dem Priester zur Unterscheidung der Geister helfen, wenn er nicht die Gabe besitzt, diese sofort zu durchschauen? Im Brief an die Galater gibt Paulus dazu ausführlich Auskunft (5,19–23). So gehören nicht zum Geist Gottes: „Unzucht, Unsittlichkeit, ausschweifendes Leben, Götzendienst, Zauberei, Feindschaften, Streit, Eifersucht, Jähzorn, Eigennutz, Spaltungen, Parteiungen, Neid und Mißgunst, Trink- und Eßgelage und ähnliches mehr" (5,19–20). Früchte des guten Geistes dagegen sind: „Liebe, Freude, Friede, Langmut, Freundlichkeit, Güte, Treue, Sanftmut und Selbstbeherrschung" (5,22–23).

All diese Elemente stehen eher auf der moralischen Ebene. Doch nicht nur die Taten, auch der Glaube ist wiederholt als ein Element gewertet worden, das zur Unterscheidung der Geister dienen muß: „Liebe Brüder", schreibt der hl. Johannes, „traut nicht jedem Geist, sondern prüft die Geister, ob sie aus Gott sind; denn viele falsche Propheten sind in die Welt hinausgezogen. Daran erkennt ihr den Geist Gottes: Jeder Geist, der bekennt, Jesus Christus sei im Fleisch gekommen, ist aus Gott. Und jeder Geist, der Jesus nicht bekennt, ist nicht aus Gott. Das ist der Geist des Antichrists, über den ihr gehört habt, daß er kommt. Jetzt ist er schon in der Welt" (1 Joh 4,1–3, siehe auch 1 Joh 2,22 f.).

Ein Exorzist, der Geister nicht unterscheiden kann, wird große Mühe haben, den Menschen zu helfen, die sich an ihn wenden. Er muß schließlich erkennen, wovon der Mensch getrieben wird, der sich an ihn wendet. Was der Gläubige denkt, fühlt oder sagt – ist es eigener Antrieb oder steht etwas anderes dahinter? Und wenn es nichts Menschliches ist, was ist es, was dahinter steht? Etwas Gutes oder Schlechtes – Gott oder der Teufel?

Sehr gut wird im langen Artikel des französischsprachigen Lexikons für Spiritualität zum Thema der Unterscheidung der Geister dargelegt, daß der Mensch verantwortlich ist und auch selbst Initiative hat. Dennoch erklären die Propheten des Alten Testaments, wohl nicht zu Unrecht auch für uns heute und nicht nur dem alten Israel, daß das, was geschieht, nicht nur ein Zusammenspiel natürlicher Elemente ist, politischer oder menschlicher Kräfte, sondern daß der wahre Auslöser der Geschichte der Konflikt zwischen dem Plan Gottes und den Widerständen der Sünde ist, der Konflikt zwischen den Mächten des Bösen und dem Geist Gottes (vgl. Dictionnaire de Spiritualitè, Bd. 3, Sp. 1228).

Die Kirchenväter und später der hl. Bernhard von Clairvaux und die hl. Katharina von Siena beschäftigen sich mit der Frage der Unterscheidung der Geister.

Doch erst im 16. Jahrhundert kommt es zu einer sehr genauen Beschreibung dessen, was zur Unterscheidung der Geister nötig ist. Zu den Meistern auf diesem Gebiet zählen Johannes vom Kreuz (1542–1591) und vor allem Ignatius von Loyola (1491–1556).

Der Exorzist muß nicht so sehr nach dem menschlichen Ursprung der Geschehnisse und Gedanken suchen. Er muß nicht Psychiater oder Psychologe sein, um nach dem Einfluß Gottes oder der Geister im Leben eines Christen zu suchen. Es geht nicht um menschliche Weisheit, sondern um die wirkliche Gabe Gottes der „Unterscheidung der Geister". Daher ist die in manchen Bistümern getroffene Entscheidung, stets einen Psychiater oder Psychologen als Exorzisten zu beauftragen, sicher nicht im Sinne dessen, was der Kodex des Kirchenrechts und die Richtlinien des Exorzismusrituale festgelegt haben: „Diese Erlaubnis darf der Ortsordinarius nur einem Priester geben, der sich durch Frömmigkeit, Wissen, Klugheit und untadeligen Lebenswandel auszeichnet" (1172 § 2). Andere Elemente, nicht das zusätzliche Studium der Psychologie oder Psychiatrie, sollten bei der Entscheidung, welcher Priester den Dienst des Exorzismus übernimmt, vorrangig sein.

5. Weisheit, das eine vom anderen zu unterscheiden

Bereits vor dem Jahr 1614 kannte man den Unterschied zwischen einer Krankheit, auch einer Geisteskrankheit, und einer Besessenheit. Sicher erkannte man oft die Geisteskrankheit nicht und betete jahrelang über einem Menschen, dem man damit wohl nicht helfen konnte. Die Frage bleibt jedoch bestehen, ob man heute mit der Gabe von Psychopharmaka und mit der Einweisung in Anstalten wirklich immer etwas zum Wohl des Menschen tun kann, der an einer psychischen Krankheit leidet, oder ob man ihn nicht eigentlich nur ruhig stellt. Wie oft wird in diesem Zusammenhang der Fall der 23jährigen Studentin Anneliese Michel aus Klingenberg genannt. Hier hätte der Exorzismus zum Tod geführt. Dieser These wäre entgegenzuhalten: Hätte die Psychiatrie ihr ein „normales" Leben ermöglichen können? Ein Leben in der Psychiatrie wollte Anneliese Michel, wie sie mehrfach bestätigte, nicht. Was hätte sie bei der – im Nachhinein (!) diagnostizierten – Temporallappenepilepsie, der Psychose, der Anorexia nervosa und der multiplen Persönlichkeit – die offensichtlich alle nebeneinander existierten und zu Lebzeiten von mehreren Psychiatern nicht diagnostiziert wurden – für eine Lebensaussicht gehabt? Es muß vielleicht auch einmal andersherum gefragt werden: Wie viele Menschen sterben jährlich, weil Psychiater und Psychologen, weil Psychopharmaka und Anstalten nicht fähig sind, ihnen wirksam zu helfen? Leider sind diese Menschen keine Schlagzeile wert, und kein Katholik kommt auf den Gedanken, daß das Gebet und das christliche Leben vielleicht manch einen dieser Menschen hätte retten können, und keiner verklagt einen Psychiater, weil der nicht wenigstens versucht hat, den Menschen durch die Intervention eines Exorzisten zu retten, wegen unterlassener Hilfestellung.

Wenn es um eine wirksame Hilfe für Menschen in Not gehen soll, dann kann nicht der Exorzist gegen den Psychiater ausgespielt werden. Obwohl es manchmal den Anschein erwecken könnte, sind diese beiden Figuren nicht im Gegensatz zu sehen, noch in einer Person zu vereinen.

Sehr gut drückte der angesehene Psychiater Prof. Tonino Cantelmi vor einer Gruppe von Priestern und Exorzisten dieses Problem aus. Dabei leugnete er die Möglichkeit einer Besessenheit nicht. Dann erklärte er, daß die Reduktion auf eine „psychiatrische Störung" von einer ganz bestimmten Ideologie ausgeht. Dieser Psychiater hat mit Kollegen nicht nur an Exorzismen teilgenommen, sondern auch psychiatrische Studien an den Klienten eines bekannten Exorzisten durchgeführt: „Wir können den Fall einer Person sehen, die keine psychischen Störungen aufweist, und daher ist ihr Zustand als Besessenheit, als Wirken des Teufels zu verstehen.

Wir können dagegen den Fall einer Person sehen, die eine Phänomenologie aufweist, die mit einer Krankheit zu erklären ist. Und das sind die beiden Positionen.

Wir können unsichere Situationen haben, bei denen wir keine Antwort geben können. Ich möchte das Problem einer dritten Position stellen, von Personen nämlich, die psychische Schwierigkeiten zeigen und zur gleichen Zeit, wenigstens mit einem Teil ihrer Probleme, Opfer von etwas anderem sind. Dies ist die komplexeste Art. Wenn alles lösbar wäre als psychiatrisch oder teuflisch, dann ist für uns der Punkt erreicht, euch Informationen zu geben, um euch zu helfen, die Frage zu lösen. Und wenn dagegen das Problem nicht psychiatrisch oder teuflisch, sondern psychiatrisch und teuflisch wäre? Die Sache würde unheimlich viel komplizierter. In dem Sinne, daß der materialische Reduktionismus den psychiatrischen Effekt überbewerten würde und mit dem, was wir Halo-Effekt nennen, das zu erklären, was nicht psychiatrisch ist" (Aus: Esorcismo e preghiera di liberazione, S. 187).

Aus diesem Zitat ist auch ersichtlich, daß es in manchen Fällen der Zusammenarbeit zwischen Psychiater und Exorzisten bedarf, dies jedoch nicht die Regel sein muß und kann. Ein Priester, der zum Exorzisten ernannt wird, sollte ausreichend Kenntnis besitzen, um die wesentlichen Störungen zu kennen. Er braucht kein Psychologe oder Psychiater zu sein. Wenn es sich um Störungen dieser Art handeln sollte, wird er den Menschen zu einem Psychiater schicken und nicht „Mischtechniken" anwenden – so z. B. Messen für therapeutische Zwecke verwenden oder das Gebet zu einem Teil einer psychotherapeutischen Sitzung machen. Auch der Exorzist wird nicht, auch wenn er dies wäre, Dinge tun, die einem Arzt vorbehalten sind – so wie es das alte Rituale im Punkt 18 vorsah: „Der Exorzist hüte sich, dem kranken Besessenen irgendeine Arznei zu verabreichen oder anzuraten. Diese Sache überlasse er den Ärzten."

Aber wie kann der Exorzist erkennen, ob es sich um eine psychiatrische Störung oder um eine Besessenheit handelt? Die Richtlinien des Exorzismus von 1614 lauteten:

„3. Vor allem darf er (der Exorzist) nicht ohne weiteres annehmen, jemand sei vom Teufel besessen, sondern er muß jene Merkmale kennen, durch die ein Besessener sich von jenen unterscheidet, die an einer Krankheit, namentlich seelischer Art, leiden" (Rituale 1954, S. 25).

Die Merkmale von Besessenheit können folgende sein:
– „Wenn einer ausführlich eine ihm unbekannte Sprache spricht oder einen versteht, der in einer solchen redet;
– wenn er Entferntes oder Verborgenes kundtut;
– eine Kraft aufweist, die über sein Alter und seinen Zustand hinausgeht."
– Ein weiterer Punkt ist wesentlich: „Wenn derartige Tatsachen zugleich in größerer Anzahl auftreten, so sind sie als um so bedeutsamere Anzeichen zu bewerten" (Rituale 1954, S. 25 f.).

Erst in den Vorbemerkungen des neuen Rituale schien es nötig, noch etwas anzufügen:

„Man achte daher auch auf andere Zeichen vor allem moralischer und geistlicher Natur, die unter verschiedener Form einen teuflischen Eingriff offenbaren. Diese können sein: eine starke Aversion gegen Gott, gegen die Heiligste Person Jesu, gegen die Selige Jungfrau Maria, die Kirche, das Wort Gottes, alles Heilige, vor allem die Sakramente, heilige Bilder" (Rituale 2004, Nr. 16).

Offensichtlich hielt man es im alten Rituale nicht für notwendig, dies eigens zu erwähnen.

Da all diese Punkte durchaus simuliert werden können, müssen nicht nur – wie von einem deutschen „Exorzisten" geschrieben – wenige Worte in einer fremden Sprache gesprochen werden, sondern diese muß fließend gesprochen werden oder wenigstens wirklich verstanden werden. Es ist ein Unterschied, ob ein Student ein paar Worte Chinesisch über die Lippen bringt, die er sich leicht angelernt haben könnte, oder ob ein Bauer aus dem Süden Italiens, der weder lesen noch schreiben kann, plötzlich fließend Englisch spricht. Es ist auch ein Unterschied, ob der Klient des Exorzisten etwas frei erzählen kann, was angeblich „verborgen" ist, oder ob der Exorzist vom Teufel fordert, eine verdeckt gehaltene Reliquie eines ziemlich unbekannten Heiligen genau zuzuweisen.

Das neue Rituale verbietet das Sprechen von „Probeexorzismen". Diese sind tatsächlich dann nicht sinnvoll, wenn sie laut gesprochen werden und auf diese Weise eine Erwartungshaltung entsteht, die fast jeden sensiblen Menschen dazu bringt, etwas zu spüren. P. Amorth und viele italienische Exorzisten sprechen Probeexorzismen, wie sie das alte Rituale vorsieht, nur in Gedanken, zu einer Zeit, die der Klient des Exorzisten nicht wissen kann – während des Vorgesprächs, während der Vorbereitung des Raumes usw. Dies scheint genauso sinnvoll wie der Gebrauch der lateinischen Sprache, die, weil sie wenig verstanden wird, auch weniger suggestiv ist. In diesen Fällen können die Exorzisten wesentlich leichter zu jener moralischen Gewißheit kommen, daß der Mensch wirklich vom Teufel gestört wird, und mit dem Rituale des Exorzismus den Dienst der Befreiung dieses Menschen vornehmen.

Es ist erstaunlich, daß in den Vorbemerkungen nicht nur auf die Gefahr aufmerksam gemacht wird, eine psychische Krankheit mit einer Störung zu verwechseln, sondern auch auf die Gefahr verwiesen wird, daß das Gegenteil passiert. Vielleicht ist dies der Hinweis, der nördlich der Alpen genauer gelesen werden müßte: „Um nicht in Fehler zu verfallen, achte er auch auf die Mittel und die Schläue, die der Teufel verwendet, um den Menschen zu täuschen, und den Gläubigen, der vom Teufel gequält wird, zu überzeugen, den Exorzismus nicht nötig zu haben, und ihn glauben zu machen, daß seine Krankheit eine natürliche Sache sei, die mit der Medizin geheilt werden kann" (Rituale 2004, Nr. 14).

Bei allem Gesagten soll noch einmal darauf hingewiesen werden, daß dem Exorzisten eine große Freiheit gegeben wird, zum Wohl der besessenen Menschen all das zu tun, was die Kirche tun kann. Sein Dienst jedoch ist nicht alles, wenn es um die Befreiung eines Menschen vom Bösen geht. Das Gebet der Kirche, des Besessenen, seiner Angehörigen und aller Menschen, die ganz speziell für die Anliegen der Exorzisten beten, haben Anteil an der Heilung des Menschen. Schließlich ist es Gott, der die Besessenheit zuläßt und auch wieder nimmt, wann und wenn er es für richtig hält. Jesus sagte zu seinen Jüngern, die einmal nicht fähig waren, einen Dämon auszutreiben, daß manche Dämonen nur durch das Gebet ausgetrieben werden können. Jenseits aller menschlichen Klugheit, der Weisheit und des Wissens, die sich ein Exorzist aneignen kann, kommt es auf das einfache Gebet an und auf den Glauben der Kirche in dessen Dienst er steht.

III. Vom Teufel besessen

Was geht in einem Menschen vor, der vom Teufel besessen ist, und was passiert mit ihm, wenn über ihn ein Exorzismus gesprochen wird? Es gibt Berichte von Menschen, die von Besessenheit, oder häufiger noch von Umsessenheit, frei wurden, und die ihre Leiden und die Befreiung aufgeschrieben haben. Die Berichte dieser Menschen haben neben dem ganz subjektiven Erleben und der persönlichen Deutung dessen, was mit ihnen geschehen ist, einige Punkte gemeinsam.

Viele können einen Anfang für ihren Zustand benennen, einen Zeitpunkt, einen Augenblick in ihrem Leben, in dem das Böse Einzug halten konnte. Dies geschah gewöhnlich, während sie für längere Zeit die Glaubenspraxis aufgegeben und sich eher der Suche nach Geld, Erfolg und Lust gewidmet hatten. Viele waren in Kreise verwikkelt, die offen oder verdeckt mit dem Teufel zu tun hatten. Andere hatten engen Kontakt mit Menschen, die in solchen Kreisen ein und aus gingen. Sie oder ihre nächsten Verwandten haben also das Böse direkt gesucht und mit ihm „gespielt". Es scheint also, als ob der Teufel gerade diejenigen besonders heimsucht, die sich ihm aus eigenem Entschluss und Willen genähert haben. Und dies geschieht gewöhnlich nicht durch einen Bund mit dem Teufel, als vielmehr in der egoistischen Suche nach dem eigenen Vorteil und Genuß auf Kosten anderer.

Den Berichten ist auch gemeinsam, daß diese Menschen sich dem Glauben entfremdet hatten. Viele haben in ihrer Jugendzeit den Kontakt zur Kirche verloren und sind andere Wege gegangen. Erst als es ihnen sehr schlecht ging und oft nur weil es die letzte Möglichkeit zu sein schien, kehrten sie zur Glaubenspraxis zurück. Der Exorzismus wirkt nicht wie ein Medikament und auch nicht wie ein Zauber. Er ist nur ein erster Schritt zur Heilung. Das Wesentliche muß der vom Teufel in besonderer Weise gequälte Mensch selbst tun: dem Bösen die Türe verschließen, durch die Hinkehr zu Gott, durch den regelmäßigen Empfang der Sakramente, durch ein Leben der Nächstenliebe. Oft ist dies ein großes Mißverständnis: Exorzismus ist Magie. Normalerweise wirkt ein Exorzismus nur nach einiger Zeit, und nur, wenn mit ihm der mühsame Prozeß der wirklichen Umkehr des Lebens stattfindet.

Beeindruckend ist schließlich weniger die Beschreibung dessen, was den Besessenen passierte und wie sie sich während der Umsessenheit oder Besessenheit fühlten – nur an die Momente, in denen sie sich in „Trance" befinden, haben sie meist keine Erinnerung, während sie sonst sehr wohl wissen, was mit ihnen geschieht – als vielmehr die Klarheit, mit der sie ihren Weg aus der Herrschaft des Teufels beschreiben und wie sehr viele ihre Befreiung als Gnade ansehen. Sie scheinen zu erkennen, daß das Leiden, das sie oft selbst verschuldet haben, sie schließlich mit viel Mühe zu einem echten, lebenstragenden Glauben geführt hat.

Die Besessenheit beschreiben die Menschen unterschiedlich. Traurigkeit und Selbstmordgedanken scheinen ein gemeinsamer Nenner zu sein, aber auch allerlei andere Symptome, die sehr unterschiedlich ausfallen. Natürlich können all diese Symptome eine rein psychische Erklärung finden. Und daher verwundert es auch nicht, daß praktisch alle Menschen, die später beim Exorzisten Hilfe suchen, zunächst – manchmal auch jahrelang – Behandlungen bei Psychiatern hinter sich gebracht hatten, die Einnahme von Medikamenten und häufig auch stationäre Behandlungen in Krankenhäusern. In Italien gibt es eine ansehnliche Zahl von Psychiatern, die die Grenzen ihrer Wissenschaft – jede Wissenschaft hat solche Grenzen – kennen und den Menschen oft zu deren Verwunderung sagen, daß ihre Symptome so sind, daß eine genaue Zuordnung nicht möglich ist, und daß vielleicht andere eine wirksamere Hilfe geben können. Leider geschieht dies häufig erst, nachdem verschiedene Psychopharmaka erfolglos gegeben worden sind, oder jahrelang Antiepileptika mit allen ihren Nebenwirkungen geschluckt wurden. Erst dann trauen sich ehrliche Wissenschaftler, die ohne die Scheuklappen des Materialismus arbeiten, zuzugeben, daß sie das Problem nicht in den Griff bekommen und vielleicht ein anderer „Fachmann" helfen könnte.

Aber das wird künftig noch seltener werden: Nachdem es seit 1993 auch im Diagnostischen und Statistischen Handbuch psychischer Störungen (DSM) die Besessenheitstrance gibt, wird die Zahl der Psychiater wohl noch steigen, die denken, alle psychischen Störungen im Menschen ließen sich mit ihrer Wissenschaft erklären. Unter Punkt 300.15 des DSM IV wird unter „Nicht Näher Bezeichnete Dissoziative Störung" auch die „Besessenheitstrance" aufgeführt. Sie wird hier so definiert: „Besessenheitstrance beinhaltet das Ersetzen der normalen Erfahrung persönlicher Identität durch eine neue Identität, die auf den Einfluß eines Geistes, einer Macht, einer Gottheit oder einer anderen Person zurückgeführt wird und mit stereotypen ‚unwillkürlichen' Bewegungen oder Amnesie verbunden ist. Beispiele sind Amok (Indonesien), Bebainan (Indonesien), Latah (Malaysia), Pibloktoq (Arktis), Ataque de nervios (Lateinamerika) und Besessenheit (Indien). Die Dissoziative oder Trance-Störung ist kein normaler Teil akzeptierter kollektiver, kultureller oder religiöser Praktiken." Diese neue Krankheit, die Besessenheitstrance, veranlaßte eine Gruppe von italienischen Psychiatern, eine Untersuchung durchzuführen. Durch die enge Zusammenarbeit, die hier häufig zwischen Psychiatern und Exorzisten zu finden ist, war es nicht allzu schwer, unter 100 Klienten eines bekannten Exorzisten diejenigen herauszufiltern, die am auffälligsten Zeichen einer Besessenheitstrance nach dem DSM IV hatten. Sie wurden einer Serie von Gesprächen und Tests unterworfen. Diesen zufolge handelte es sich durchwegs um normal begabte Menschen ohne irgendwelche psychische Auffälligkeiten, die zu einer besonderen Krankheit hätten gerechnet werden können. Oder anders ausgedrückt: Obwohl diejenigen Klienten ausgesucht wurden, die bei der Beobachtung während der Exorzismen deutliche Zeichen einer Besessenheitstrance (DSM IV) zeigten, konnten die Merkmale, die das Handbuch für diese Pathologie vorsieht, in der klinischen Studie nicht bestätigt werden. Doch interessant ist, daß diese Menschen nicht nur keine Besessenheitstrance hatten. Keiner von ihnen hatte eine Psychose, eine Schizophrenie oder eine andere psychiatrische Krankheit.

Und doch war die Mehrzahl jahrelang mit Psychopharmaka behandelt worden – die meisten wegen einer offensichtlich fehldiagnostizierten Schizophrenie, ohne daß einer von ihnen eine Besserung seiner Symptomatik hätte feststellen können. Daher landeten sie schließlich beim Exorzisten. Die Exorzismen verschafften ihnen in geringer Zeit Linderung der Symptome, bessere Kontrolle im Alltag und über die Krisen. Und dies ohne die Nebenwirkungen von Medikamenten.

Ist ein Exorzismus gefährlich? Kann er wirklich, wie die Schlagzeilen und die Buchtitel im Zusammenhang mit Anneliese Michel suggerieren, „zum Tode führen"? Müssen Menschen, die zum Exorzisten gehen, um ihr Leben bangen?

Nein, sie müssen es auf keinen Fall: Der Exorzismus hat keine Nebenwirkungen und Folgen wie Psychopharmaka. Und er kann nie den Tod eines Menschen bewirken. Sicherlich gibt es die Möglichkeit, daß ein Mensch an keiner „teuflischen" Störung leidet, sondern an einer rein psychischen Krankheit. Ist der Exorzismus dann eine Gefahr?

Er ist es für Menschen, die an Krankheiten leiden, die sie von der Umgebung extrem abhängig sein lassen. Dies geschieht bei einigen Formen psychischer Erkrankungen. Diese Menschen verstehen dann nicht, daß der Exorzismus nur ein Element – und sicherlich nicht das wichtigste – in einem Prozeß ist, in dem es darum geht, sich vom Bösen abzuwenden und zum Glauben zurückzukehren. Menschen, in denen eine psychische Krankheit vorliegt und keine teuflische Störung, werden durch die Exorzismen immer stärker abhängig vom Ritus, vom Exorzisten und kreisen immer stärker um sich und ihre Krankheit. Sie suchen oft die Aufmerksamkeit der Verwandten, des Exorzisten, oder schieben all ihre Probleme auf den Teufel und die Besessenheit und sehen als einzige Lösung den Exorzismus. Besonders klar erscheint dies, wenn die nachgeahmten Stimmen und die nur gespielte Trance dazu benützt werden, sich selbst zu loben.

Ein erfahrener Exorzist erkennt jedoch verhältnismäßig schnell, ob er einen Hysteriker vor sich hat, einen Menschen mit schweren psychischen Problemen, oder einen Besessenen. Und er erkennt es im Verlauf der Exorzismen: ein kranker Mensch wird immer stärker um sich selbst kreisen, eine immer stärkere Abhängigkeit vom Ritus zeigen und die Schuld für all sein Leiden der Besessenheit geben. Ein wirklich besessener oder umsessener Mensch wird dagegen immer freier werden, von sich selbst absehen können und seine Aufmerksamkeit auf Gott und seinen Nächsten richten. Er wird seine Verantwortung erkennen, seinem Leiden einen Sinn geben, häufig trotz der vielen furchtbaren Leiden Humor entwickeln und einen realistischen Blick haben. Man könnte es leicht mit einer Bewegung beschreiben: Ist der Teufel der Grund für das Leiden eines Menschen, wird dieser durch die Exorzismen, vor allem aber durch seine Hinwendung zu Gott und den Nächsten von der Belastung immer freier werden und sich auf einen geraden Weg der Heilung machen, der ihn schließlich zu einem normalen und gläubigen Leben führt. Liegt eine psychische Krankheit vor, wird der Mensch, je mehr Zeit vergeht, immer stärker um sich selbst kreisen und sich immer stärker in eine Welt einnisten, die nichts mit Befreiung zu tun hat.

Im Zweifelsfall wird die Hilfe eines Psychiaters für den Exorzisten wertvoll sein, der zu Rate gezogen werden kann, wenn die Ursache für eine Störung nicht eindeutig ist. Und es sollte nicht übersehen werden, daß durchaus die Möglichkeit besteht, daß der Teufel Ursache einer körperlichen oder seelischen Krankheit ist, und daß Gebet und Medikament nebeneinander bestehen müssen. Denn in unserer so materialistisch geprägten Welt wird wohl allzu oft vergessen, daß Krankheit eine Zulassung Gottes ist. Wo Verzweiflung, Unglaube und Leid sich ausbreiten, ist der Teufel meist auch nicht fern. Es sollte wohl häufiger als bisher auch spirituell etwas für kranke Menschen getan werden, und damit ist nicht gemeint, ihnen von kirchlicher Seite „Lebenshilfe" zu geben, wie es auch Psychologen tun – und meist besser –, sondern echte geistliche Hilfe, in der das (gemeinsame) Gebet und die Spendung der Sakramente Hauptpunkte sind.

Als Papst Johannes Paul II. Francesco Palau heiligsprach, wußte er, daß dieser die letzten Jahre seines Lebens damit zugebracht hatte, in seinem Heim für psychisch kranke Menschen alle, die mit einem solchen Leiden kamen und um Aufnahme baten, einem Exorzismus zu unterziehen: wer geheilt wurde, konnte gehen, wer nicht geheilt wurde, war tatsächlich psychisch krank und bedurfte der Hilfe des Heims. Dies sah weder der alte noch sieht es der neue Ritus für die Exorzismen vor, und Palau wurde bereits vor 150 Jahren wegen dieser Praxis stark angegriffen.

Doch stimmt nachdenklich, daß die Kirche heute allzu häufig nur den zweiten Teil sieht – die Unterstützung einer Anstalt für psychisch kranke Menschen – und die andere Möglichkeit, die ihre erste Aufgabe wäre – die Menschen vom krank und unglücklich machenden Einfluß des Bösen zu befreien –, zu übersehen scheint.

Nicht verschwiegen werden soll hier auch, daß es noch eine ganz andere Gruppe von Menschen gibt, die der Teufel auch in besonderer Weise stört, die jedoch nicht Thema dieses Buches sind: die Heiligen. Sie suchen normalerweise keine Exorzisten auf, sondern kämpfen jahrelang mit der Hilfe Gottes gegen den Teufel. Vom Pfarrer von Ars ist sein Kampf mit dem Teufel bekannt: Denn nichts scheint dem Teufel so verhaßt zu sein wie die Beichte, und den Priester zu quälen, der dieses Sakrament in besonderer Weise spendet, scheint ihm Freude zu bereiten. Heilige, die hier ihre besondere Berufung sahen, werden offensichtlich stärker angegriffen als andere. Besonders ausführlich und gut belegt sind die Kämpfe von Pater Pio – häufig nachts – gegen den Teufel. Dieser trat bei ihm als furchterregendes Tier auf. Auch P. Pio wurden, besonders in Verbindung mit den Stigmata und seinem mystischen Erleben, psychische Krankheiten diagnostiziert. Berühmt ist die Bemerkung des bekannten und verdienstvollen P. Agostino Gemelli. Der Franziskaner und Priester diagnostizierte P. Pio eine hysterische Störung und erklärte P. Pio, daß seine Stigmata, die Gemelli jedoch nie gesehen hat, das Ergebnis seiner äußerst starken Einfühlung in das Leiden Christi seien. Überliefert ist auch die Antwort von P. Pio: „... dann stellen sie sich einmal ganz intensiv einen Ochsen vor, dann wachsen ihnen sicher Hörner".

P. Pio zeigte keine Zeichen einer pathologischen Störung. Er war eher einfältig und trocken in seiner Art und legte Wert auf das Wesentliche, ohne Umschweife. Sein Apostolat sah er vor allem im Beichthören. Und hier erreichte er eine unglaubliche Zahl von Menschen, die oft aus schwerer Sünde zu einem wirklichen Leben aus dem Glauben zurückkehrten. Im Zuge der Untersuchungen von Ärzten – auch der von P. Gemelli – wurde P. Pio diese Tätigkeit über lange Jahre untersagt. Doch für wen war dies von Vorteil, wenn nicht allein für den Teufel?

Die Frage, warum manche Menschen vom Teufel in ganz besonderer Weise gequält werden, kann nicht zufriedenstellend beantwortet werden, so wie für das Leid allgemein keine befriedigende Erklärung gegeben werden kann. Die Warum-Frage kann jeder Mensch, wenn überhaupt, nur für sich beantworten. Doch wenn Gott als das höchste Gut angesehen wird und unser Leben auf ihn hin ausgerichtet sein muß, damit wir das Heil erlangen, kann auch eine teuflische Störung oder eine Krankheit ein Weg sein, ein schwerer Weg, Gott wieder zu entdecken.

So ist auch verständlich, warum viele Exorzisten die Beichte als das wesentliche Mittel zur Bekämpfung des Bösen ansehen. Das Bekenntnis aller Sünden und die wirkliche Reue, auf die hin die Vergebung Gottes und ein neues Leben mit Christus beginnen kann, sind der Schlüssel zur Befreiung vom Bösen, ja, einige Exorzisten sind der Meinung, damit könnten fast alle Fälle gelöst werden, und viele würden nur dadurch beginnen, daß die Menschen das Bußsakrament vergessen haben.

I. Wie es nicht sein soll

1. An den Früchten erkennen

Wie ein roter Faden zieht sich durch dieses Büchlein in-
direkt die Frage nach dem Fall der Anneliese Michel. Wer
sich in Deutschland mit dem Thema Exorzismus beschäftigt, kann an ihr und dem, was in Klingenberg am Main
Mitte der siebziger Jahre geschehen ist, nicht vorbeikom-
men. So halten Bücher jeder Art und in letzter Zeit auch
Kinofilme die Erinnerung an diesen Fall wach, während
psychiatrische Gutachten nach dem Tod der „Patientin"
Diagnosen stellen und „aufgeklärte" Theologen den Teufel als personale Macht leugnen.

Über allem scheint – so wirkt es aus der zeitlichen und
räumlichen Entfernung – eine furchtbare, eine entsetzli-
che Angst zu liegen, etwas zulassen zu müssen, was man
nicht „beherrschen", „kontrollieren" und „durchanaly-
sieren" kann. Der Fall Anneliese Michel ist noch vor der
Entscheidung zwischen Teufel oder Krankheit interessant. Es scheint, als würde sich in diesem einzigen Fall in
einer weitgehend entchristlichten Gesellschaft die Angst
vor dem Un(be)greifbaren, vor unschuldigem Leid und
vor dem Tod in konzentrierter Form einstellen. In der
Ablehnung des Exorzismus wird von den meisten Menschen nicht dieser selbst, wird nicht das Befreiungsgebet
abgelehnt – kaum jemand kann eine auch nur annähernd

richtige Definition von Exorzismus geben –, sondern es scheint, als würde vor allem das beängstigend „Unkontrollierbare" abgelehnt werden. Sagen zu können: „am Tod der Anneliese Michel war der Exorzismus Schuld" bedeutet eigentlich: Wenn nicht der Glaube, sondern die Medizin verwendet worden wäre, dann wäre der Tod vermieden worden, dann hätte es kein unschuldiges Leid, keinen zu frühen Tod gegeben. Der Fall der Anneliese Michel ist zum Symbol für die Ablehnung des Glaubens geworden, oder wenigstens für einen ersten Schritt dahin: Der Glaube muß in einer Ecke sein Dasein fristen und immer dann zurückweichen, wenn die Wissenschaft, oder besser gesagt das positivistische Verständnis der Wissenschaft, sich des Glaubensgebietes bemächtigt. Es geht im Fall der Anneliese Michel nicht um die Frage nach dem Exorzismus, sondern um die Frage nach unserem Glauben.

Die Frage nach dem tatsächlichen Geschehen in Klingenberg ist auch aus einem anderen Grund unwichtig. Denn das Ergebnis – ob es sich nun um Besessenheit oder um psychische Krankheit handelte – ist exakt dasselbe: in jedem Fall hat der Teufel seinen Sieg davongetragen. Wer ihn heute nicht direkt leugnet, hält ihn für ungefährlich, weil der „liebe Gott" uns sowieso alle, ohne Wenn und Aber in den Himmel holt, und wer den Teufel noch für existent und sogar für in der Welt wirkend hält, fragt sich selten, wo er im eigenen Leben vorkommt. Ist dies nicht der wirkliche Sieg des Bösen?

Er hat sich unter dem Deckmäntelchen des Guten versteckt, der Vernunft, des Fortschritts ... Was der hl. Ignatius

tius für die Seele schrieb, sollten wir auch für die Kirche in Deutschland bedenken: „Wir müssen sehr aufmerksam sein auf den Ablauf unserer Gedanken: und wenn der Anfang, die Mitte und das Ende alle gut und nur auf durchaus Gutes gerichtet sind, so ist dies ein Kennzeichen des guten Engels. Wenn wir im Ablauf der Gedanken, welche uns eingegeben worden, bemerken, daß sie auf etwas Böses oder Zerstreuendes oder minder Gutes hinauslaufen, ... so ist dies ein klares Zeichen, daß jene Gedanken von dem bösen Geiste, dem Feinde unseres Fortschrittes und unseres ewigen Heiles, herrühren" (5. Regel zur Unterscheidung der Geister, Geistliche Übungen 333).

Er ist aus dem Bewußtsein der Gesellschaft herausgedrängt worden und kann daher ungestört wirken. Warum es dann in Deutschland so wenig Fälle von Besessenheit gibt? Vielleicht, weil der Teufel das gar nicht mehr braucht: Die Dämonen zeigten sich erstaunlich häufig, als Christus in Palästina umherging, sie zeigten sich, als die Apostel Christus als den Sieger über den Tod verkündeten, sie zeigen sich bei den Heiligen unserer Tage, und dort wo wirklicher Glaube ist. Es scheint, als könne man sich angesichts des angeblichen Ausbleibens von besonderen „teuflischen Leiden" in gewissen Ländern nicht allzu sicher sein, den Sieg über das Böse erreicht zu haben.

2. Und was geschah wirklich?

Die Literatur über Anneliese Michel ist so widersprüchlich, daß es nicht leicht ist, auch nur annähernd das Geschehen in objektiver Form darzustellen, dennoch sollen die wichtigsten Lebensdaten wiedergegeben werden.

Anneliese Michel wurde im Jahr 1952 als zweites Kind einer sehr religiösen Handwerkerfamilie geboren. Die ältere Schwester starb im Alter von acht Jahren, Anneliese hatte noch drei jüngere Schwestern. Obwohl sie als Kind nicht von guter Gesundheit war, kamen ernste Probleme mit der Gesundheit erst in den letzten Klassen des Gymnasiums zum Vorschein. Sie kam aufgrund einer Rippenfellentzündung und einer Lungenentzündung im Jahr 1970 in eine Lungenheilanstalt im Allgäu. Bereits im Jahr zuvor hatte sie einige wenige Anfälle, für die ein Nervenarzt als Ursache eine „Grand-Mal-Epilepsie" vermutete. Die Anfälle setzten sich fort. Erst später kamen andere Symptome hinzu, sie sah Fratzen, sie – und später auch Menschen in ihrer Umgebung – nahm Gestank wahr, sie veränderte ihr Aussehen, wurde hin und wieder steif und hatte große Schwierigkeiten mit der Nahrungsaufnahme und mit dem Schlaf.

Anneliese Michel bekam Medikamente gegen Epilepsie und nahm vermutlich bis kurz vor ihrem Tod im Jahr 1976 das Antiepilektikum Tegretol. Nach manchen Biographen hatte das Medikament viele der Symptome bei Anneliese Michel hervorgerufen. Dies ist nicht ganz von der Hand zu weisen, denn bei den Nebenwirkungen dieser Präparate steht: „Es sind sowohl schwere, dosisunabhängige, meist schon bei Behandlungsbeginn auftretende, z. T. tödlich verlaufende, aber seltene Nebenwirkungen als auch dosisabhängige, mit der Dosisreduktion reversible Nebenwirkungen beobachtet worden. Außerdem können durch die Langzeitbehandlung Stoffwechselstörungen, hämatologische, hormonale und neurologisch-psychische Veränderungen auftreten" (Quelle: Internet).

Doch die These der Nebenwirkungen der Medikamente ist heute nur eine der vielen Möglichkeiten, die zur Erklärung und Beurteilung des Falls verwendet werden. Mediziner und Psychologen fanden zu anderen Schlüssen, wobei verschiedene Diagnosen gestellt wurden – keine von diesen Diagnosen wurde zu Lebzeiten von Anneliese Michel von den verschiedenen aufgesuchten Psychiatern gestellt, mit Ausnahme der Epilepsie, die jedoch aufgrund widersprüchlicher Untersuchungsergebnisse umstritten sind. Und schließlich halten einige wenige, vor allem sehr traditionalistische Kreise an der Besessenheit fest.

Was stimmt nun? Es wäre ein leichtes, alle drei Erklärungsmodelle nebeneinander stehen zu lassen. Sie hätten durchaus alle drei auf Anneliese Michel zutreffen können, und zwar zur gleichen Zeit. Und sie könnten auch durch die Fehler von allen Fachleuten hervorgerufen worden sein.

Es bleiben heute nur Fragen übrig, die vielleicht helfen, ein wenig Licht in das Geschehen zu bringen. Dies ist kein Fachbuch für Medizin oder Psychiatrie. Dennoch kann die Frage gestellt werden, ob die Indikation für die Medikamente tatsächlich immer bestand, ob die Einnahme kontrolliert wurde, ob die Kontrolluntersuchungen durchgeführt wurden, ob die Dosierung nicht hätte geändert werden müssen, ob die Verschreibung des Medikamentes in den letzten Lebensmonaten von Anneliese Michel nicht allzu leichtfertig geschah – angesichts des Gesamtzustandes?

Im Nachhinein wurden verschiedene Krankheiten psychiatrischer Natur für Anneliese „angepaßt". Es scheint jedoch offensichtlich, daß dies nur mit großer Mühe geschehen konnte, denn es muß eine wahrhaft phantastische Verbindung von verschiedenen Krankheitsbildern zusammengesetzt werden, um mit den Hauptsymptomen fertig zu werden. Hier ist die Frage zu stellen, ob eine solche Post-Mortem-Diagnose überhaupt möglich ist, und ob der Psychiater nicht gut daran täte, ein wenig „wissenschaftlicher" an diesen Fall zu gehen: einzugestehen, daß manche Phänomene, wenn man den Beschreibungen Glauben schenken darf, nicht erklärt werden können. Es scheint aber gerade, daß hier manche Symptome zugunsten anderer herausgefiltert wurden, manche dagegen völlig verlorengingen. Eine solche Diagnose erfaßt das Problem nicht vollständig und deutet darauf hin – auch wenn das in aller Form durch die Psychiater geleugnet wird, und hier offensichtlich wird, welcher geistesgeschichtlichen Richtung sie sich verpflichtet fühlen –, daß wenigstens „anderes" angenommen werden könnte.

War es also Besessenheit? Diese ist Thema dieses Buches, und so sollen die Fragen präziser gestellt werden.

Die erste und wichtigste Frage ist die nach den Vorraussetzungen für den Exorzismus, z. B.:

1. Waren das fließende Sprechen einer unbekannten Sprache oder das Verstehen dieser gegeben?

Aus dem gesichteten Material ist nicht ersichtlich, daß Anneliese Michel fließend Sprachen sprechen oder verstehen konnte, die sie nicht in ihrer Umgebung oder Schule gelernt hätte.

2. Zeigte sie Kräfte, die über die ihres Alters oder ihrer körperlichen Verfassung hinausgingen?

Die meisten Autoren berichten zwar von großer Gewalt, aber nur ein Autor, dem am übernatürlichen Geschehen liegt, berichtet von solchen außergewöhnlichen Kräften. Der Gewaltausbruch – so die von verschiedenen Quellen berichtete Ohrfeige, die sich der alte P. Rodewyk einhandelte – reicht als Zeichen nicht aus. Auch die Kraftanwendung während der Exorzismen scheint durch eine Person unter Kontrolle gehalten worden zu sein.

3. Aus der Literatur ist nicht ersichtlich, daß Anneliese Michel im Trance-Zustand Dinge wußte, die ihr nicht hätten zugänglich sein können.

4. Schließlich ist das einzige wirklich mehrfach belegte Zeichen für Besessenheit die Abneigung gegen Gott, die Heiligen, geweihte Gegenstände usw. Diese wird aber von vielen Menschen, die andere Hilfe und nicht einen Exorzismus nötig hätten, leicht und häufig simuliert. Daß diesbezüglich Versuche durch den Exorzisten gemacht worden wären – z. B. das Erkennen von Weihwasser in zwei identischen Gefäßen, in die in eines gewöhnliches Wasser, in ein anderes Weihwasser gegossen wurde – ist nicht bekannt.

Von den vier genannten Zeichen zeigte Anneliese nur die Abneigung klar. Die großen Kräfte, wenn sie denn wirklich vorhanden waren, sind auch von manchen psychischen Krankheiten bekannt, und das am wenigsten aussagekräftige Zeichen. Die äußeren Zeichen scheinen allein nicht ausreichend zu sein, um mit Sicherheit sagen zu können, daß Besessenheit vorliegt.

Anneliese Michel zeigte – auch hier sind die Texte nicht alle gleich aussagekräftig – zwar keine Befreiung und keine

Zeichen von Besserung, doch ist aus den Texten auch nicht ersichtlich, daß sie sich im Laufe der Zeit immer stärker um sich selbst gedreht hätte. Soweit sie konnte, entwikkelte sie Zukunftspläne, bemühte sich um das Studium und betete sowohl um ihre Befreiung als auch für andere. Für eine geistliche „Normalität" stehen sowohl die Gebete, die Suche nach dem Sinn für ihr Leid, das sie – sicherlich durch ihre Erziehung und Umgebung eingegeben – schließlich in der „Sühnebesessenheit" gefunden hat.

Der Exorzist ist gemäß dem Kirchenrecht rechtmäßig ernannt worden. Er hat, wie vom alten Ritus vorgesehen, einen Probeexorzismus vorgenommen, doch wurde der Exorzismus nicht, wie durch die Praxis angeraten, nur mental gesprochen, um nichts zu suggerieren.

Die Wahl des Exorzisten war nicht glücklich. Keineswegs soll an der Integrität des Exorzisten gezweifelt werden, doch ist seine Unerfahrenheit nicht von der Hand zu weisen. Er hält sich offenbar genau an den Ritus, scheint aber in manchen Fällen nicht die Freiheit zu haben, sich von ihm gegebenenfalls zu lösen. Nicht die Worte des Ritus bewirken – ähnlich einem Zauberspruch – eine plötzliche Heilung, sondern Gott. Das eine vertrauende Gebet kann dieselbe Wirkung haben, wie stundenlange Gebete, die schließlich aus Erschöpfung nur mehr mit den Lippen gesprochen werden.

Die Konzentration auf die Texte, die es angeblich dem Exorzisten unmöglich machten, sich auf die Aussagen der Dämonen zu konzentrieren, wird auch als Grund für die Tonbandaufnahmen angegeben. Andere Autoren schreiben, die Tonbandaufnahmen hätten dem Bischof vorgespielt werden sollen. Wieder andere schreiben, daß diese im Nachhinein dazu hätten dienen sollen, veröffentlicht zu werden.

Aus allem ist ersichtlich – und wird durch das Geschehen im Nachhinein bestätigt –, daß P. Renz, der Exorzist, die Aufnahmen nicht nur für sich machte, sondern ein Interesse damit verband. Auszüge aus den Aufnahmen zeigen, daß das Rituale in einem Punkt offensichtlich nicht befolgt wurde: „14. Der Exorzist ergehe sich nicht in weitschweifigen Reden oder in unnützen und neugierigen Fragen, besonders über zukünftige und verborgene Dinge, die mit seinem Amt nichts zu tun haben; vielmehr befehle er dem unreinen Geist, zu schweigen und nur auf seine Fragen zu antworten." Und auch der 15. Punkt ist nicht wirklich beachtet worden: „Fragen, die gestellt werden müssen, sind z. B. jene nach der Anzahl und den Namen der eingefahrenen bösen Geister, jene nach der Zeit und dem Grund ihres Eintritts und dergleichen mehr. Der Exorzist soll die übrigen Possen, das Gelächter und die Albernheiten des Teufels zurückweisen und verachten und die Umstehenden, deren ohnehin nur wenige seien, ermahnen, sich nicht darum zu kümmern und dem Besessenen keine Fragen zu stellen, sondern demütig und eifrig für ihn zu Gott zu beten."

Es ist erstaunlich zu lesen, mit welcher Ausführlichkeit P. Renz die verschiedenen Dämonen nach Mund- und Handkommunion, nach Kniebänken, nach der Kleidung der Priester, nach anderen Praktiken der Kirche vor den Reformen des II. Vatikanischen Konzils befragt. Diese Antworten möchte er manchmal sogar wiederholt haben.

Welches Interesse verbindet der Exorzist damit? Haben sie etwas mit der Befreiung der Anneliese zu tun? Oder sind sie im Interesse einer Gruppe von traditionsverbundenen Katholiken gestellt, die durch den Teufel die Bestätigung ihrer Thesen hören wollen? Hat der Exorzist sich vor Augen gehalten, daß dem Teufel gerade die Absicht des Exorzisten klar ist, und daß ihm am Streit und an der Spaltung der Kirche und der Gläubigen sehr gelegen ist? Hat er bedacht, daß der Zwiespalt in seinem Herzen, zum einen um die Befreiung zu beten, zum anderen ein Interesse mit den Aussagen des Teufels zu verfolgen, den Exorzismus nicht wirksam sein läßt? Konnte er den Teufel austreiben und zugleich benützen wollen?

P. Renz kann und soll keine böse Absicht nachgesagt werden, sondern es soll nur dargestellt werden, daß sowohl in der Untersuchung der Besessenheit vor den Exorzismen, als auch während der Exorzismen schwerwiegende Fehler begangen wurden. Wahrscheinlich hatte P. Renz weder die Erfahrung noch ausreichend Hilfe, um seine eigene Einstellung überprüfen zu können. War die Demut da, im Stillen einen Dienst zu tun, den niemand hätte wissen dürfen, oder war P. Renz nicht selbst neugierig und fühlte sich zur gleichen Zeit bestätigt in seiner traditionalistischen Glaubenshaltung durch die Ernennung zum Exorzisten, mit der er die Notwendigkeit und Richtigkeit seiner Richtung belegen konnte?

Nicht die Exorzismen haben Anneliese zum Tode geführt. Sie haben sie auch nicht in einer Art Trichterwirkung immer tiefer verstrickt in Muster, die sie in den Tod geführt haben. Diese These ist kaum aufrechtzuhalten, wenn man liest, wie und was Anneliese während ihrer Leidenszeit schrieb.

Es wäre schön, wenn 30 Jahre nach dem Tod der Anneliese Michel die Kirche in Deutschland eine neue Studienkommission einrichten würde. Hier sollte es nicht um eine Veränderung der Praxis gehen, sondern um das Eingeständnis von Schuld und um die Untersuchung von Fehlern, um diese künftig nicht mehr zu machen. Dazu würde gehören, daß die Kirche sich bemüht, Ärzte zu finden, die den Phänomenen des Glaubens offen gegenüberstehen, Psychiater, die die Grenzen ihrer Wissenschaft erkennen können und sich bereit erklären, auch mit Priestern zusammenzuarbeiten, weil diese oft dort weiterkommen, wo ihrer Wissenschaft Grenzen gesetzt sind. Und schließlich das Eingeständnis, daß die mangelnde Ausbildung, auch in Fragen, über die die Welt lächelt, die mangelnde geistliche Hilfe und Führung von Priestern in besonderen Situationen, das mangelnde Interesse der Bischöfe für die Priester ihrer Diözesen und deren Probleme, dazu führen können, daß den Menschen nicht mehr wirksam der Sieg Christi über den Teufel, der Sieg des Kreuzes vermittelt werden kann, und die Botschaft der Kirche dadurch leer und sinnlos wird. Die sechste Regel zur Unterscheidung der Geister des hl. Ignatius sieht vor, daß, wer bemerkt hat, daß er auf den Teufel hereingefallen ist, auch weil dieser am Anfang nicht leicht zu erkennen war, weil er sich als etwas Gutes getarnt hat, auf die Folge der Gedanken schauen soll „damit durch eine solche Erfahrung seine erkannten Listen danach leichter gemieden werden" (Geistliche Übungen 334).

Ein sinnvolles und zeitgemäßes Modell für den Umgang der Kirche mit psychischer Krankheit oder Besessenheit soll im folgenden und letzten Kapitel dargestellt werden.

II. Wie es sein könnte

Was wäre gewesen, wenn es zur Zeit von Anneliese Michel eine andere Hilfe gegeben hätte? Wenn es möglich gewesen wäre, den Exorzismus und/oder eine Psychotherapie nebeneinander existieren zu lassen? Wenn Anneliese Michel die Hilfe einer Gruppe bekommen hätte?

Folgendes Modell, das in der Praxis in ähnlicher Form erprobt ist, könnte man sich vorstellen:

In einer Filialkirche wird eine „katholische Anlaufstelle" eröffnet. Es sollte nicht in der Hauptkirche sein, weil zu viele Veranstaltungen störend wirken könnten. Aber es sollte auch kein Gemeindezentrum sein, sondern eine Kirche, in der Christus im Tabernakel anwesend ist. Es soll eine katholische Einrichtung sein, in der es nicht für „alles" und „jedes" Hilfe gibt, sondern wo das Konfessionelle im Vordergrund steht. Wer sich nicht darauf einlassen möchte, hat andere Hilfsangebote.

Ideal wäre die Nähe eines Klosters, vielleicht sogar eines kontemplativen Ordens, der die Anlaufstelle durch das Gebet mitträgt. Diese Stelle dürfte kaum Geld kosten. Wo Geld im Spiel ist, sind Interessen da und keine Freiheit mehr. Doch um diese Freiheit müßte es in diesem Zentrum gehen: die Freiheit sich auf Gott einzulassen, und

Christus zu folgen; dies ist nicht möglich, wenn man dem oder jenem verpflichtet ist, der das Projekt gefördert hat, der Geld investiert oder sich dafür stark gemacht hat. Für den Exorzismus ist der Bischof verantwortlich. Er sollte, wenn er seine Aufgabe ernst nimmt, persönlich dafür Sorge tragen, daß Menschen geholfen wird, die vom Bösen in besonderer Weise versucht und gepeinigt werden. Wenn er nicht glaubt, daß es so etwas gibt, dann sollte er einem Exorzisten in einem Land, wo Exorzismen praktiziert werden, einmal „über die Schulter sehen". Und er sollte sich nach der Verantwortung fragen, die er persönlich trägt, wenn ein Mensch über Jahrzehnte in der Psychiatrie leiden muß, nur weil er selbst oder ein Priester, den er beauftragt, nicht im Namen Christi ein Befreiungswort sprechen will.

Eine Anlaufstelle, die dem Bischof allein unterstellt ist: kein neues „Zentrum", das extra eingeweiht werden muß, sondern die Sakristei oder ein anderer von der Kirche aus zugänglicher Ort, mit ein paar Stühlen ausgestattet, mit einem Tisch und einem Schriftenstand, damit Menschen, die etwas über den Glauben wissen möchten, Hilfe finden können, Gebete, Erklärungen. Schön wäre es, wenn eine ganz kleine Gruppe, vielleicht drei oder vier Personen beiderlei Geschlechts die Aufgabe übernehmen würden, hilfesuchende Menschen zu empfangen. Menschen in Not fänden am „Empfang" keinen Psychologen oder Psychiater, sondern einfach gläubige Menschen, die Schwierigkeiten im Licht des Glaubens betrachten und durch ihr Lebenszeugnis Mut machen. Diese bräuchten keine Überredungskünste und keine Tricks anzuwenden.

Es muß auch die Freiheit geben, jeden wieder gehen zu lassen, der das Angebot nicht annehmen möchte.

Zunächst muß es darum gehen, den empfangenen Menschen den Schritt zum Sakrament der Versöhnung gehen zu lassen. Davor fürchtet sich der Teufel, und das ist das Sakrament, bei dem auch auf psychischer Ebene Heilung geschehen kann. Es muß eine Beichte sein, in der alles gesagt wird, in der Vergebung erfahren wird, oft nach Jahren, in denen der falsche Weg beschritten wurde. Manchmal braucht es ein wenig Zeit und mehrere Begegnungen, bis der hilfesuchende Mensch dazu bereit ist, Hemmungen überwunden hat und den Weg der Versöhnung gehen will. Ihm helfen Menschen, die ihre Zeit an andere Menschen verschenken, ohne daraus einen „irdischen" Gewinn zu schlagen. Sie sind aus einer ganzen Gruppe von Menschen ausgewählt worden, weil sie nicht nur ein katholisches Leben führen, die Sakramente regelmäßig empfangen, sondern auch, weil sie mit beiden Füßen auf dem Boden stehen. Sie haben keine Angst, auch heikle Themen anzufassen, und trauen sich, auch Dinge beim Namen zu nennen, vor denen andere zurückschrekken. Sie stehen in allen Punkten hinter der Lehre der Kirche und können diese auch begründen.

Es geht ihnen nicht darum, Menschen an sich zu binden, auch nicht an dieses Zentrum, sondern zu Christus zu führen, zu einer wirklichen und tiefen Begegnung mit Gott.

Der erste Schritt ist die Hinführung zur Beichte, und es ist wesentlich, daß diese sofort möglich ist. Immer wenn die Anlaufstelle offen ist, ist auch ein Priester da. Außer den Menschen, die in dieser Kirche Hilfe suchen, wird es sich bald herumsprechen, daß hier immer ein Priester ist, der Beichte hört, und es werden auch andere Menschen kommen, um das Sakrament zu empfangen.

Die Beichte ist ein erster Schritt. Ein zweiter ist eine Gruppe von Menschen, die sich regelmäßig zum Gebet trifft. Jeder, der kommt, wird zu einer solchen begleitet. Die meisten Menschen brauchen die Hilfe einer Gruppe, die regelmäßigen Treffen, um das Beten wieder zu lernen. Was das für eine Gruppe ist, ist egal. Sie muß offen sein für Menschen, die häufig „schwierig" sind, die psychische Probleme haben, die Gruppen nicht gewöhnt sind.

Eine wirklich christliche Gruppe wird offen sein und auch einen solchen Menschen aufnehmen können. Je nachdem wird der „Empfang" mit dem hilfesuchenden Menschen eine geeignete Gruppe auswählen können. Das kann eine Gruppe sein, die das Taizé-Gebet pflegt, das kann eine ausgewählte Gruppe von Charismatikern sein oder auch eine Gruppe, die still vor dem ausgesetzten Allerheiligsten betet, und wer neu hinzukommt, erhält hier auch, wenn er möchte, Hilfe, um das Gebet wieder neu zu lernen.

Was wäre mit Anneliese Michel gewesen, wenn sie eine solche Anlaufstelle gehabt hätte? Wenn eine Gruppe sie aufgenommen und sie regelmäßig eingeladen hätte? Wenn ihr Leben ein weiteres Zentrum als bloß die Familie gehabt hätte?

Einmal im Monat müßte sich die Gruppe vom Empfang mit einem oder zwei Psychologen oder besser Psychiatern und einem oder zwei Priestern treffen, von denen einer in geistlichen Dingen sehr erfahren ist. Sie sitzen zusammen und besprechen ihre „Fälle". Sie erzählen, was sie beobachtet haben, und die Psychiater helfen, wenn sie meinen, manches durch ihre Wissenschaft erklären zu können. Es sind Psychiater, die die Grenzen ihrer Wissenschaft kennen und es deshalb auch sagen, wenn sie Merkmale feststellen, die nicht in das vermutetes Krankheitsbild passen; die nicht einfach alles an sich reißen, sondern hier nur eine Hilfestellung bieten. Die „Empfangsleute" sind keine Therapeuten. Sie berichten nur, um dadurch den Menschen besser raten zu können. Einer der Priester hat vom Bischof die Vollmacht erhalten, Exorzismen zu sprechen, auch Probeexorzismen nach dem alten Ritus. Von seinem Dienst weiß kaum jemand, er selbst erzählt es nicht und legt den Menschen nahe, seinen Namen nicht zu nennen. Wer zum Exorzisten will, muß durch das Zentrum, muß einen Weg zur Kirche und zum Glauben hin durchschreiten, muß die Sakramente häufig empfangen. Ohne eigenes Bemühen geht nichts. Der Exorzismus ist keine Zauberformel, die alle Probleme löst.

Wenn offensichtlich erscheint, daß ein Mensch psychische Schwierigkeiten hat, wird ihm eine Liste von Psychiatern oder Psychologen gegeben, an die er sich wenden kann. Er kann dabei gleich sagen, wer ihn schickt, und er kann sicher sein, daß diese Fachleute seinen Glauben nicht nur respektieren, sondern für den Glauben und seine manchmal auch eigenartigen Phänomene offen sind. Vielfach gilt es, nur kleine Schwierigkeiten überwinden zu helfen, manchmal durch ein Medikament, durch ein paar Sitzungen Psychotherapie. Das Zentrum begleitet jeden weiter, egal ob er vorher bereits in Therapie war –

dazu wird er ausdrücklich weiter ermutigt –, egal ob sich die angebliche Besessenheit, mit der er sich beim Zentrum vorstellte, dann als Krankheit entpuppte.

So wird jeder dort weiter begleitet, zum Gespräch eingeladen. Aber es geht nicht darum, die Menschen an diese Stelle zu binden, sondern an Christus. Es geht darum, diese Menschen zu einem christlichen Leben in ihren Gemeinden zu bewegen, und sie an diese zu binden. Daher wird der Empfang nicht in die Versuchung verfallen, zu denken, Menschen aus eigener Kraft helfen zu können: Hilfe und Heilung können die Menschen an dieser Stelle nur durch Christus empfangen.

Manchmal stellt der Priester, der sich um die Exorzismen kümmert, in der monatlichen Gesprächsrunde fest, daß sich da Dinge zeigen, die in seinen Kompetenzbereich fallen könnten. Diese Menschen sind meist nicht besessen, aber der Teufel stört sie in besonderer Weise. Er trifft sich mit ihnen in den Räumen dieser Kirche oder an einem anderen Ort, weil er keine Presse dabei haben will. Er selbst redet noch einmal mit diesen Menschen und versucht, ein wenig mehr zu verstehen. Woran leiden sie wirklich? Nur mental spricht er einen Exorzismus. Manchmal sind mehrere Treffen nötig. Sie finden nicht allzu häufig statt. Gegen den Teufel kommt man nur mit vereinten Kräften an: Der Exorzist wird sich mit dem Gläubigen und einigen wenigen Menschen treffen, um über ihn zu beten und den Exorzismus zu sprechen. Der leidende Mensch wird sich zur gleichen Zeit mit allen Kräften um ein christliches Leben bemühen. Das kann manchmal sehr schwer sein, wenn es darum geht, im Glauben Entscheidungen gegen den Trend der Zeit zu fällen. Aber nach und nach wird der Mensch frei: Die Exorzismen werden weniger häufig, und in einer Gemeinde seiner Wahl hat er seine Heimat gefunden: der tägliche Gottesdienst, die häufige Beichte und das regelmäßige Gebet sind seine Stütze geworden.

Manche Menschen sind so krank, daß auch die Hilfe der Ärzte nicht viel ausrichten kann. Vielfach verbringen sie längere Zeiten in psychiatrischen Kliniken. Immer wenn sie entlassen werden, kommen sie das Zentrum besuchen. Sie wissen, daß sie hier nicht verurteilt werden. Es wird ihnen nur der Weg gedeutet, den Christus auch gegangen ist: die Krankheit zu tragen, wie ein Kreuz, in der Sicherheit, daß Christus jeden leidenden Menschen in besonderer Weise begleitet.

Kirche zeigt sich hier mit ihrem wahren Gesicht: Sie ist nicht Trägerin einer Psychiatrie, sondern Trägerin einer menschlichen Einrichtung, auf der der Segen Gottes liegt, in der Menschen im Namen Jesu angenommen werden. Sie gibt keine Medikamente und verordnet keine Therapien, sondern führt zum wahren Arzt, zu Christus, durch die Sakramente und das Gebet. Dieser Kirche hat Christus verheißen, daß die Mächte der Unterwelt nicht über sie siegen werden.

Solche Modelle sind bereits verwirklicht. Nicht alles ist perfekt, denn zwischen der Idee und der Praxis liegen immer viele konkrete Schwierigkeiten. In Rom wird eine solche Gruppe von Menschen getragen, die der charismatischen Bewegung angehören. Für Menschen mit psychischen Problemen können bestimmte christliche Gruppen wirklich einen Segen darstellen, für andere, denen die jeweilige Spiritualität fremd ist, mag diese abstoßend wirken. Wichtig ist, daß dadurch allen Menschen das gegeben wird, was die Kirche geben kann: Sie vermittelt Christus durch die Sakramente, sie schenkt den Leidenden ein Wort des Trostes, befreit diejenigen, die unter dem Einfluß des Bösen leiden, und betet für alle.

Jede Beschäftigung mit dem Exorzismus der katholischen Kirche setzt den Glauben der Kirche vorraus.

Neben der Heiligen Schrift wurden der Katechismus der katholischen Kirche und das *Kompendium der Glaubensbekenntnisse und kirchlichen Lehrentscheidungen* (H. Denzinger / P. Hünermann), Freiburg u. a. [37]1991, (= DH), verwendet.

Über den Teufel:

Kongregation für die Glaubenslehre in Rom, *Christlicher Glaube und Dämonenlehre*, Stein am Rhein 1975.

H. Haag leugnet den Teufel in: *Abschied vom Teufel*, Einsiedeln 1969, und *Teufelsglaube*, Tübingen 1974.

W. Kasper / K. Lehmann (Hg.), *Teufel – Dämonen – Besessenheit. Zur Wirklichkeit des Bösen*. Mit Beiträgen von Walter Kasper, Karl Kertelge, Karl Lehmann und Johannes Mischo, Mainz 1978.

K. Berger, *Wozu ist der Teufel da?*, Gütersloh 2001.

J. Bründl, *Masken des Bösen. Eine Theologie des Teufels*, Würzburg 2002.

G. Hierzensberger, *Engel und Dämonen*, Kevelaer 2003.

Interessant ist die alte Abhandlung von M. Hagen, *Der Teufel im Lichte der Glaubensquellen*, Freiburg 1899.

Das Rituale des Exorzismus:

Der neue Ritus (zitiert als Rituale 2004) des Exorzismus ist veröffentlicht:
Rituale Romanum ex decreto Sacrosancti Oecumenici Concilii Vaticani II instauratum auctoritate Ioannis Pauli PP. II promulgatum De Exorcismus et Supplicationibus quibusdam, editio typica emendata, Città del Vaticano 2004.
Es gibt keine offizielle deutsche Veröffentlichung.

Der alte Ritus von 1614 mit den kleinen, in den folgenden Jahrhunderten eingebrachten Änderungen (zitiert als Rituale 1954) ist in lateinischer und deutscher Übersetzung neu aufgelegt worden:
Ecclesia catholica. Der Exorzismus der Katholischen Kirche. Authentischer lateinischer Text nach der von Papst Pius XII. erweiterten und genehmigten Fassung mit deutscher Übersetzung, Stein am Rhein ³2005.

M. Probst, K. Richter, *Exorzismus oder Liturgie zur Befreiung vom Bösen*, Münster 2002, stellt einen Vorschlag für eine Liturgie zur Befreiung des Bösen vor. Die Autoren scheinen den Exorzismus selbst jedoch abzulehnen. Im Buch findet sich auch eine nicht immer korrekte deutsche Übersetzung des neuen Ritus des Exorzismus.

Zum Exorzismus:

Standardwerk des Exorzismus in deutscher Sprache sind die beiden Bände des Jesuitenpaters Adolf Rodewyk, *Die dämonische Besessenheit in der Sicht des Rituale Romanum,* Aschaffenburg 1963, und ders., *Dämonische Besessenheit heute. Tatsachen und Deutungen,* Aschaffenburg 1966, sowie Egon von Petersdorff, *Dämonologie,* 2 Bde., Stein am Rhein ³1995.

Die Bücher des berühmten italienischen Exorzisten P. Gabriele Amorth wurden ins Deutsche übersetzt. Für einen mit italienischen Verhältnissen nicht vertrauten Leser sind sie jedoch nur von beschränktem Nutzen: G. Amorth, *Ein Exorzist erzählt,* Stein am Rein, ⁴2001, und ders., *Exorzisten und Psychiater,* 2002, ders., *Neue Berichte eines Exorzisten,* Stein am Rhein ²2000.

Unterschiedlicher Qualität sind die Beiträge der Professoren des Kurses für Exorzismus und Gebet zur Befreiung des Bösen, die als Kursakten veröffentlicht wurden: *Esorcismo e preghiera di liberazione. Atti del corso,* Rom und Camerata Picena 2005.

E. Becker (Hg.), *Der Exorzismus der Kirche unter Beschuß,* Stein am Rhein 1995.

Mit der Verbindung zur „anderen Welt" und den Personen, die diese zu haben meinen, beschäftigt sich das Buch des Dominikaners F. M. Dermine, *Mistici, veggenti e medium. Esperienze dell'aldilà a confronto,* Città del Vaticano ²2003.

Der Ordensmann und Exorzist F. Bamonte hat veröffentlicht: *I danni dello spritismo. L'azione occuluta del Maligno
nelle presunte comunicazioni con l'Aldilà*, Milano 2003.

Zu Anneliese Michel:

Standardwerk für den Fall Anneliese Michel:
F. D. Goodman, *Anneliese Michel und ihre Dämonen. Der
Fall Klingenberg in wissenschaftlicher Sicht*, Stein am Rhein
[4]2004.

Nicht immer sehr informiert über die katholische Praxis
des Exorzismus, doch interessant aufgrund des verwen-
deten Materials ist das Buch von U. Wolff, *Der Teufel ist in
mir. Der Fall der Anneliese Michel, die letzte Teufelsaustreibung in Deutschland*, München 2006.

Die Literatur zu Anneliese Michel könnte noch weitergeführt werden. Grundstein für alle Bücher und Aufsätze
zu diesem Fall ist jedoch die Studie von J. Mischo und
U. Niemann, *„Die Besessenheit der Anneliese Michel (Klingenberg) in interdisziplinärer Sicht"*, in: *Zeitschrift für Pa-
rapsychologie und Grenzgebiete der Psychologie*, 25 (1983)
S. 129–193. Beide Autoren waren Mitglieder der Studiengruppe der Deutschen Bischofskonferenz.

Psychologie/Psychiatrie und Exorzismus:

U. Niemann, Jesuitenpater und für „Exorzismus" in der Diözese Limburg zuständig, hat nach der Stellungnahme zum Fall Michel weiter zu diesem Thema veröffentlicht, zuletzt zusammen mit M. Wagner, *Exorzismus oder Therapie? Ansätze zur Befreiung vom Bösen*, Regensburg 2005.

Das Buch des Psychotherapeuten und Pallottinerpaters J. Müller, *Verwünscht, verhext, verrückt oder was?*, Stuttgart 1998, steht im offensichtlichen Widerspruch zu den Erfahrungen, die U. Niemann darstellt.

Wertvoll wegen der Diskussion mit der Psychologie und Psychiatrie und wegen der in der beigelegten CD-ROM vorgestellten Studien ist ein Büchlein der italienischen Vereinigung katholischer Psychiater und Psychologen: T. Cantelmi, S. Paluzzi, E. Luparia, *Gli dei morti son diventati malattie*, Rom 2000.

Auf den Punkt gebracht

Stéphane Bornhausen
MENSCH ÄRGERE DICH!
Vom Sinn des täglichen Ärgers

ISBN 978-3-936484-96-0
Kt., 112 Seiten

Alfred Läpple
KLEINE KIRCHENGESCHICHTE

ISBN 978-3-936484-70-0
Kt., 208 Seiten

Peter Blank
ALLES ZUFALL?
Naive Fragen zur Evolution

ISBN 978-3-936484-73-1
Kt., 128 Seiten